Änderungen

der

Zivilprozeßordnung

des Gerichtsverfassungsgesetzes und der Entlastungsverordnung

durch die neuere Gesetzgebung
(bis 13. Februar 1924)

Nachtrag zur 17. Auflage der Zivilprozeßordnung von Sydow-Busch-Krantz

(Guttentagsche Sammlung Deutscher Reichsgesetze Nr. 11)

Mit Erläuterungen

herausgegeben von

L. Busch
Reichsgerichtsrat i. R.

Dr. W. Krantz
Landgerichtsrat

Berlin und Leipzig 1924
Walter de Gruyter & Co.
vormals G. J. Göschen'sche Verlagshandlung — J. Guttentag, Verlagsbuchhandlung — Georg Reimer — Karl J. Trübner — Veit & Comp.

I.

Änderungen der Zivilprozeßordnung, des Gerichtsverfassungsgesetzes und der Entlastungsverordnung

bis zu den **Verordnungen über Gerichtsverfassung und Strafrechtspflege** vom 4. Januar 1924 (RGBl. I S. 15) und über das **Verfahren in bürgerlichen Rechtsstreitigkeiten** vom 13. Februar 1924 (RGBl. I S. 135).

A. Zivilprozeßordnung.

a) **§ 4 Abs. 1.** Für die Wertsberechnung ist der Zeitpunkt der Erhebung der Klage,[1] in der Berufungs- und Revisionsinstanz der Zeitpunkt der Einlegung des Rechtsmittels[1] entscheidend; Früchte, Nutzungen, **Zinsen**[2] und Kosten bleiben unberücksichtigt, wenn sie als Nebenforderungen geltend gemacht werden.

1 Nach Art. IV der weiteren Ver. z. Entlastung der Gerichte und über die Gerichtskosten v. 13./12. 23 (RGBl. I S. 1186) ist der Wert des Streit- oder Beschwerdegegenstandes *in Gold zu bestimmen* und bestimmt sich *bei Ansprüchen, die eine in Reichswährung bestimmte Geldsumme betreffen*, nach dem *Umrechnungssatz* (Art. II Abs. 4: dem vom Reichsminister der Finanzen bekanntgegebenen Goldumrechnungssatz [§ 2 der Durchführungsbestimmungen z. Aufwertungsver. v. 13./10. 23, RGBl. I S. 951]; der Reichsjustizminister ist ermächtigt, einen anderen Umrechnungssatz zu bestimmen) *im Zeitpunkte der Einreichung der Klage oder der Einlegung des Rechtsmittels*. Bei Ansprüchen dieser Art erhöht sich der Wert des Streit- oder Beschwerdegegenstandes nicht dadurch, daß der Kläger wegen einer nach dem genannten Zeitpunkt eingetretenen Geldentwertung den Klageantrag erweitert.

2 Das Wort „Schäden" hinter dem Worte „Zinsen" ist durch Art. III 1 Ges. über die Gebühren der Rechtsanwälte und die Gerichtskosten vom 18./8. 23 (RGBl. I 813) beseitigt worden.

b) **§ 104 Abs. 2.**[1] Zur Berücksichtigung eines Ansatzes genügt, daß dieser glaubhaft gemacht ist. **Hinsichtlich der einem Rechtsanwalt erwachsenen Auslagen an Post-, Telegraphen- und Fernsprechgebühren genügt die Versicherung des Rechtsanwalts, daß diese Auslagen entstanden sind.**[2]

1 Nach Art. I Ges. v. 13./12. 23 (RGBl. I S. 1186) sind die einer Partei zu erstattenden Kosten in dem Kostenfestsetzungsbeschluß *in Gold festzusetzen*. In Reichswährung entstandene Kosten sind zum Zwecke der Festsetzung in Gold umzurechnen. Maßgebend für die Umrechnung ist der vom Reichsminister der Finanzen bekanntgegebene Goldumrechnungssatz (§ 2 der Durchführungsbestimmungen z. Aufwertungsver. v. 13./10. 23, RGBl. I 951) im Zeitpunkte der Verauslagung. Der Reichsminister der Justiz ist ermächtigt, einen anderen Umrechnungssatz zu bestimmen. Der sich bei der Umrechnung ergebende Gesamtbetrag ist auf volle zehn Goldpfennig

nach unten abzurunden. Die Kostenberechnung (§ 103 Abs. 2) hat die Umrechnung zu enthalten. Das Gesetz ist am 1./1. 24 in Kraft getreten (Art. II). Vor seinem Inkrafttreten entstandene Kosten sind nach dem Umrechnungssatz (s. oben) im Zeitpunkte des Inkrafttretens des Gesetzes umzurechnen.

2 Satz 2 ist durch Art. III 2 Ges. v. 18./8. 23 (Anm. 2 § 4) eingestellt worden.

c) **Zu § 115** (betreffend Wirkungen der Armenrechtsbewilligung) Anm. 5a des Kommentars.

Art. II Ges. über die Teuerungszuschläge zu den Gebühren der Rechtsanwälte und Gerichtsvollzieher v. 18./12. 19 (RGBl. 2113) ist aufgehoben und ersetzt worden durch folgende Bestimmungen des Ges. über die Erstattung von Rechtsanwaltsgebühren in Armensachen, v. 6./2. 23 (RGBl. I 103), 18./8. 23 (RGBl. I 813), [13./9. 23 (RGBl. I 881), 27./9. 23 (RGBl. I 912)], 13./12. 23 (RGBl. I 1188):

„§ 1. In bürgerlichen Rechtsstreitigkeiten werden im Falle der Bewilligung des Armenrechts dem für die arme Partei bestellten Rechtsanwalte die Gebühren und Auslagen nach Maßgabe der Gebührenordnung für Rechtsanwälte und der sie ergänzenden Vorschriften von der Staatskasse ersetzt. Übersteigt der Wert des Streit- oder Beschwerdegegenstandes 2000 Goldmark, so ist nur der Betrag der Gebühren zu ersetzen, der sich bei diesem Werte ergeben würde. Die Reisekosten werden nicht vergütet, wenn die betreffende Reise nicht erforderlich war.

§ 85 der Gebührenordnung für Rechtsanwälte findet entsprechende Anwendung. Der Ersatzanspruch wird auch fällig, wenn das Verfahren länger als drei Monate ruht.

§ 2. § 1 gilt im Verfahren auf erhobene Privatklage entsprechend.

§ 3. Das Gesuch um Festsetzung des zu erstattenden Betrags ist bei dem Gerichtsschreiber des Gerichts der Instanz anzubringen. Die zur Rechtfertigung der einzelnen Ansätze dienenden Belege sind beizufügen. Die Festsetzung erfolgt durch den Gerichtsschreiber. § 4 des Gerichtskostengesetzes findet mit der Maßgabe Anwendung, daß die Erinnerung auch dem Rechtsanwalte zusteht.

§ 4. Soweit dem Rechtsanwalte wegen seiner Gebühren und Auslagen ein Anspruch gegen die von ihm vertretene Partei oder einen ersatzpflichtigen Gegner zusteht, geht der Anspruch mit der Erstattung auf die Staatskasse über. Auf die Geltendmachung des Anspruchs finden die Vorschriften über die Erhebung von Gerichtskosten entsprechende Anwendung."

d) § 233 Abs. 1. Einer Partei, welche durch Naturereignisse oder andere unabwendbare Zufälle verhindert worden ist, eine Notfrist oder die Revisionsbegründungsfrist oder die ihr gemäß § 520 Abs. 3, § 554 Abs. 7 gesetzte Frist[1] einzuhalten, ist auf Antrag die Wiedereinsetzung in den vorigen Stand zu erteilen.

1 Durch Art. II 1 Ges. z. Änderung des Gerichtskostengesetzes v. 21./12. 22 (RGBl. 1923 I 1) eingefügt. — Neue Fassung des Abs. 1 ab 1. Juni 1924: Art. II 15 Ver. v. 13./2. 24 (RGBl. I 135) (s. Abschnitt II Nr. 15).

e) § 281. Die Rechtshängigkeit eines erst im Laufe des Prozesses erhobenen Anspruchs tritt mit dem Zeitpunkte ein, in welchem der Anspruch in der mündlichen Verhandlung geltend gemacht oder ein den Erfordernissen des § 253 Abs. 1 Nr. 2 entsprechender Schriftsatz zugestellt oder gemäß § 496 Abs. 5 mitgeteilt[1] wird.

1 Durch Art. II 1 Ver. z. Beschleunigung des Verfahrens in bürgerlichen Rechtsstreitigkeiten v. 22./12. 23 (RGBl. I 1239) eingefügt mit Rücksicht auf die nun durch § 23a der EntlastungsVO. (s. C) gegebene Möglichkeit des Fortfalls der mündlichen Verhandlung (vgl. § 251a [Abschnitt II Nr. 18] für die Zeit nach dem 1. Juni 1924). Danach kann die Erhebung von Ansprüchen während des Rechtsstreits auch durch Zustellung oder formlose Mitteilung (§ 496 Abs. 5) eines die bestimmte Angabe des Gegenstandes und des Grundes des Anspruchs sowie einen bestimmten Antrag (§ 253 Abs. 1 Nr. 2) enthaltenden Schriftsatzes erfolgen. Begr.

f) **Zu §§ 380, 390, 409** (betreffend Bestrafung von Zeugen und Sachverständigen wegen Ausbleibens oder Zeugnis- bezw. Gutachtenverweigerung).

Durch Art. II Reichs-Geldstrafengeſ. v. 27./4. 23 (RGBl. I 254) i. d. Fassg. des Ges. über Vermögensstrafen und Bußen v. 13./10. 23 (RGBl. I 943), Ver. v. 6./2. 24 (RGBl. I 44) ist der Mindestbetrag der Ordnungsstrafe auf eine Goldmark, der Höchstbetrag auf eintausend Goldmark festgesetzt worden. Nach Art. IV Ver. v. 23./11. 23 ist der Goldmarkbetrag der Strafe in Reichswährung nach dem für den Tag der Zahlung oder Beitreibung maßgebenden Goldumrechnungssatz umzurechnen, den der Reichsminister der Finanzen auf Grund des § 2 Abs. 3 der Aufwertungsver. v. 11., 18./10. 23 (RGBl. I 939, 979) festsetzt und fortlaufend veröffentlicht.

g) **Zu §§ 401, 413** (betreffend Zeugen- und Sachverständigen-Gebühren) je Anm. 2 des Kommentars.

Neue Fassung der Gebührenordnung für Zeugen und Sachverständige v. 13./3. 22 (RGBl. 242), 24./10. 22 (RGBl. I 806), [15./2. 23 (RGBl. I 131], 8./5. 23 (RGBl. I 289), 12./7. 23 (RGBl. I 632), 18./8. 23 (RGBl. I 811), 21./12. 23 (RGBl. I 1239).

h) **§ 520 Abs. 3[1]. Sofern nicht dem Berufungskläger das Armenrecht bewilligt ist oder Gebührenfreiheit zusteht, hat der Vorsitzende gleichzeitig mit der Bekanntgabe des Termins zur mündlichen Verhandlung eine Frist zu bestimmen, innerhalb deren der Berufungskläger den Nachweis zu erbringen hat, daß er die für die Berufungsinstanz von ihm erforderte Prozeßgebühr gezahlt hat. Die Frist kann auf Antrag von dem Vorsitzenden, jedoch nicht über den zur mündlichen Verhandlung bestimmten Termin hinaus, verlängert werden; eine Verlängerung der Frist durch Vereinbarung der Parteien ist unzulässig. Wird der Nachweis nicht bis zum Ablauf der Frist erbracht, so wird die Berufung durch Beschluß als unzulässig verworfen. Hat der Berufungskläger die Bewilligung des Armenrechts vor Ablauf der Frist beantragt, so wird der Lauf der Frist bis zum Ablauf von zwei Wochen nach Zustellung des auf dieses Gesuch ergehenden Beschlusses und, wenn vor Ablauf der Frist gegen den Beschluß Beschwerde eingelegt wird, bis zur Zustellung des auf die Beschwerde ergehenden Beschlusses gehemmt.**

1 Abs. 3 eingestellt durch Art. II 2 Ges. z. Änderung des Gerichtskostengesetzes v. 21./12. 22 (RGBl. 1923 I 1). Danach ist die Zulässigkeit der Berufung (wie die der Revision, § 554 Abs. 7) davon abhängig gemacht, daß der Berufungskläger binnen der gesetzten Frist den Nachweis der Zahlung der von ihm (gemäß § 74 GKG. n. F.) erforderten Prozeßgebühr (§§ 20 Nr. 1, 28 GKG. n. F.) erbringt. Für die Zeit v. 1./6. 24 ab vgl. Abschnitt II Nr. 71 über die neue Fassung des Abs. 3 (jetzt § 519).

i) **Zu § 546 Abs. 1** (betreffend die Revisionssumme von mehr als 20 000 Mark bei vermögensrechtlichen Rechtsstreitigkeiten) Anm. 1 a des Kommentars.

Die Revisionssumme ist abgeändert worden durch Ges. v. 27./3. 23 (RGBl. I 217) in 500 000 M., durch Ver. v. 23./7. 23 (RGBl. I 742) in 5 000 000 M., durch Ver. v. 15./9. 23 (RGBl. I 884) in 1 Milliarde M., durch Ver. v. 30./10. 23 (RGBl. I 1041) in 1500 M., vervielfältigt mit der jeweiligen Reichsindexziffer für die Lebenshaltungskosten, durch Ver. v. 13./12. 23 (RGBl. I 1186) in 1800 Goldmark (Art. II: Für die Umrechnung ist der vom Reichsminister der Finanzen bekanntgegebene Goldumrechnungssatz [§ 2 der Durchführungsbestimmungen z. Aufwertungsver. v. 13./10 23, RGBl. I 951] maßgebend. Der Reichsminister der Justiz ist ermächtigt, einen anderen Umrechnungssatz zu bestimmen.). — Für die Zeit v. 1./6. 24 ab vgl. Abschnitt II Nr. 82 über die neue Fassung des Abs. 1.

k) Zu § 549 (betreffend Gesetzesverletzung als Grund für die Revision) Anm. 1 des Kommentars.

Durch Art. I Ver. v. 15./1. 24 (RGBl. I 29), in Kraft vom 15./2. 24, ist das Rechtsmittel der Revision bis zum 31./12. 25 nach Maßgabe der folgenden Vorschriften beschränkt worden:

„§ 1. Die Revision kann nicht darauf gestützt werden, daß die Entscheidung auf der Verletzung der §§ 139, 286, 287 der Zivilprozeßordnung beruhe.

§ 2. Gegen das Urteil eines Oberlandesgerichts in einem Rechtsstreit, der die Scheidung oder Anfechtung einer Ehe oder die Herstellung des ehelichen Lebens zum Gegenstande hat, findet die Revision nur statt, wenn sie in dem Urteil für zulässig erklärt wurde. Das Oberlandesgericht hat die Revision zuzulassen, wenn es von einer Entscheidung des Reichsgerichts oder, soweit eine solche nicht ergangen ist, von der Entscheidung eines anderen Oberlandesgerichts abweicht oder wenn sonst von der Zulassung der Revision die Klärung einer Rechtsfrage von grundsätzlicher Bedeutung zu erwarten ist."

Art. II enthält Übergangsvorschriften.

l) **§ 554 Abs. 7. Sofern nicht dem Revisionskläger das Armenrecht bewilligt ist oder Gebührenfreiheit zusteht, hat der Vorsitzende eine Frist zu bestimmen, innerhalb deren der Revisionskläger den Nachweis zu erbringen hat, daß er die für die Revisionsinstanz von ihm erforderte Prozeßgebühr[1] gezahlt hat. Wird der Nachweis nicht vor dem Ablauf der Frist erbracht, so gilt die Revision als nicht in gesetzlicher Form begründet. Hat der Revisionskläger die Bewilligung des Armenrechts vor Ablauf der Frist beantragt, so wird der Lauf der Frist bis zum Ablauf von zwei Wochen nach[1] Zustellung des auf dieses Gesuch ergehenden Beschlusses gehemmt.**

[1] Durch Art. II 3 Ges. z. Änderung des Gerichtskostengesetzes v. 21./12. 22 (RGBl. 1923 I 1) sind die fettgedruckten Worte im Satz 1 an die Stelle der Worte „den für die Revisionsinstanz von ihm erforderten Gebührenvorschuß (§ 81 des Gerichtskostengesetzes)" und im Satz 3 an die Stelle des Wortes „zur" gesetzt worden. Danach ist die Zulässigkeit der Revision davon abhängig, daß der Revisionskläger binnen der ihm gesetzten Frist den Nachweis der Zahlung (anstatt des früheren Gerichtskostenvorschusses, jetzt) der von ihm (gemäß § 74 GKG. n. F.) erforderten Prozeßgebühr (§§ 20 Nr. 1, 28 GKG. n. F.) erbringt, und ist die Zeitspanne der Hemmung des Fristlaufs durch ein Armenrechtsgesuch um zwei Wochen erweitert. Für die Zeit v. 1./6. 24 ab vgl. Abschnitt II Nr. 85 über die neue Fassung des § 554.

m) **Zu § 709 Nr. 4** (betreffend Erklärung der vorläufigen Vollstreckbarkeit von Urteilen über vermögensrechtliche Ansprüche mit einem Gegenstand von mehr als 3000 M. auf Antrag) Anm. 11 des Kommentars.

Die Summe von 3000 M. ist abgeändert worden durch Ges. v. 27./3. 23 (RGBl. I 217) in 300000 M., durch Ver. v. 23./7. 23 (RGBl. I 742) in 3000000 M., durch Ver. v. 15./9. 23 (RGBl. I 884) in 500000000 M., durch Ver. v. 30./10. 23 (RGBl. I 1041) in 250 M., vervielfältigt mit der jeweiligen Reichsindexziffer für die Lebenshaltungskosten, durch Ver. v. 13./12. 23 (RGBl. I 1186) in 500 Goldmark (vgl. oben i zu § 546). — Für die Zeit v. 1./6. 24 ab vgl. Abschnitt II Nr. 98 über die neue Fassung des § 709.

n) **§ 850** (betreffend unpfändbare Ansprüche).

aa) **Zu Abs. 1 Nr. 1** (betreffend Arbeits- und Dienstlohn).[1]

bb) **Abs. 2. Übersteigen in den Fällen Nr. 7 bis 9 das Diensteinkommen, die Pension oder die sonstigen Bezüge die Summe von dreißig Goldmark für die Woche, so ist der dritte Teil des Mehrbetrags der Pfändung unterworfen. Das Wertverhältnis der Goldmark zur Reichswährung bestimmt sich nach dem im Zeitpunkt der Fälligkeit der Bezüge**

geltenden Goldumrechnungssatz (§ 2 der Durchführungsbestimmungen zur Aufwertungsverordnung, Reichsgesetzbl. 1923 I S. 951). Der Reichsminister der Justiz ist ermächtigt, einen anderen Umrechnungssatz zu bestimmen. Die Beihilfen und Zulagen, die den im Abs. 1 Nr. 7 bis 9 bezeichneten Personen **mit Rücksicht auf das Vorhandensein unterhaltsberechtigter Angehöriger** gewährt werden, sind weder der Pfändung unterworfen noch bei der Ermittlung, ob und zu welchem Betrag ein Bezug der Pfändung unterliegt, zu berechnen. Das gleiche gilt für **die** Einkünfte, die zur Bestreitung eines Dienstaufwandes bestimmt sind.[2]

cc) **Abs. 4 S. 1. Das Diensteinkommen, die Pension und die sonstigen Bezüge der im Abs. 1 Nr. 7 bis 9 genannten Personen einschließlich der im Abs. 2 Satz 2 bezeichneten Beihilfen und Zulagen, sowie die im Abs. 3 bezeichneten Geldrenten sind unbeschränkt pfändbar, wenn die Pfändung** wegen der den Verwandten, dem Ehegatten und dem früheren Ehegatten für die Zeit nach Erhebung der Klage und für das diesem Zeitpunkt vorausgehende letzte Vierteljahr kraft Gesetzes zu entrichtenden Unterhaltsbeiträge beantragt wird.[3]

1 (zu Anm. 3 des Kommentars). Der § 1 der Ver. über Lohnpfändung (RGBl. 1919 S. 589, 1921 S. 1657), deren Geltungsdauer durch Ges. v. 13./12. 23 (RGBl. I 1186) bis zum 31. Dezember 1926 verlängert worden ist, hat, nachdem die in den Abs. 1 und 3 genannten Summen von 12000 M. und 50000 M. durch Ges. v. 26./10. 22 (RGBl. I 806) in 120000 M. und 360000 M., durch Ver. v. 23./2. 23 (RGBl. I 153) in 600000 M. und 2000000 M., durch Ver. v. 5./7. 23 (RGBl. I 554) in 6000000 M. und 20000000 M., durch Ver. v. 13./8. 23 (RGBl. I 783) in 60000000 M. und 200000000 M. für das Jahr, durch Ver. v. 22./11. 23 (RGBl. I 1110) in 30 und 100 M. für die Woche, vervielfältigt mit der im Zeitpunkt der Fälligkeit geltenden (in der vorangegangenen Kalenderwoche veröffentlichten) Reichsindexziffer für die Lebenshaltungskosten, abgeändert worden waren, durch Art. I Ver. v. 7./1. 24 (RGBl. I 25) folgende Fassung erhalten:

„Der Arbeits- oder Dienstlohn (§ 1 des Gesetzes vom 21. Juni 1869, Bundesgesetzbl. S. 242 und 1871 S. 63, Reichsgesetzbl. 1897 S. 159, 1898 S. 332) ist bis zur Summe von dreißig Goldmark für die Woche und, soweit er diesen Betrag übersteigt, zu einem Drittel des Mehrbetrags der Pfändung nicht unterworfen.

Hat der Schuldner seinem Ehegatten, früheren Ehegatten, Verwandten oder einem unehelichen Kinde Unterhalt zu gewähren, so erhöht sich der unpfändbare Teil des Mehrbetrags für jede Person, der Unterhalt zu gewähren ist, um ein Sechstel, höchstens jedoch auf zwei Drittel des Mehrbetrags.

Übersteigt der Arbeits- oder Dienstlohn die Summe von einhundert Goldmark für die Woche, so findet auf den Mehrbetrag die Vorschrift des Abs. 2 keine Anwendung.

Das Wertverhältnis der Goldmark zur Reichswährung bestimmt sich nach dem im Zeitpunkt der Fälligkeit des Arbeits- oder Dienstlohns geltenden Goldumrechnungssatz (§ 2 der Durchführungsbestimmungen zur Aufwertungsverordnung, RGBl. 1923 I S. 951). Der Reichsminister der Justiz ist ermächtigt, einen anderen Umrechnungssatz zu bestimmen.

Die Vorschriften des Gesetzes vom 21. Juni 1869 finden entsprechende Anwendung."

2 (zu Anm. 20 des Kommentars). Der Abs. 2 hat seine neue Fassung mit Ausnahme der Summe in Satz 1 und der Sätze 2 u. 3 durch Ges. v. 26./10. 22 (RGBl. I 805) erhalten. Die Summe in Satz 1 (früher 12000 M.) ist durch das Ges. v. 26./10. 22 in 120000 M., durch Ver. v. 23./2. 23 (RGBl. I 153) in 600000 M., durch

Ver. v. 5./7. 23 (RGBl. I 554) in 6000000 M., durch Ver. v. 13./8. 23 (RGBl. I 783) in 60000000 M. für das Jahr, durch Ver. v. 22./11. 23 (RGBl. I 1110) in 30 M. für die Woche, vervielfältigt mit der im Zeitpunkt der Fälligkeit geltenden (in der vorangegangenen Kalenderwoche veröffentlichten) Reichsindexziffer für die Lebenshaltungskosten abgeändert worden. Sodann haben die ersten drei Sätze ihre jetzige Fassung durch Art. II Ver. v. 7./1. 24 (RGBl. I 25) erhalten.

3 (zu Anm. 21 u. 21a des Kommentars). Der Abs. 4 Satz 1 hat seine jetzige Fassung durch das Ges. v. 26./10. 22 (RGBl. I 805) erhalten. — Anstatt „Satz 2" muß es richtig heißen „Satz 4". Der redaktionelle Fehler beruht darauf, daß die jetzige Fassung bei der Einfügung der Sätze 2 u. 3 in Abs. 1 durch die Ver. v. 22./11. 23 und die Ver. v. 7./1. 24 (vgl. Anm. 2) unverändert geblieben ist.

o) **§ 866 Abs. 3.** Auf Grund seines vollstreckbaren Schuldtitels darf eine Sicherungshypothek nur für **einen Betrag eingetragen werden, der die für die Zuständigkeit der Amtsgerichte in Streitigkeiten über vermögensrechtliche Ansprüche festgesetzte Wertgrenze übersteigt. Maßgebend ist der Zeitpunkt, in dem der Antrag auf Eintragung der Sicherungshypothek bei dem Grundbuchamt eingeht. Die Vorschriften der §§ 4, 5 finden entsprechende Anwendung.**[1]

1 (zu Anm. 5 des Kommentars). Die jetzige Fassung des Abs. 3 beruht auf Art. II 2 Ver. zur Beschleunigung des Verfahrens in bürgerl. Rechtsstreitigkeiten v. 22./12. 23 (RGBl. I 1239). Danach ist der bisherige Mindestbetrag der durch Zwangshypothek zu sichernden Forderung von 300 M. der eingetretenen Geldentwertung angepaßt (s. § 23 Nr. 1 GVG. unter B b) und der für die Bewertung der Forderung maßgebende Zeitpunkt bestimmt.

p) **§ 888 Abs. 1.** Kann eine Handlung durch einen Dritten nicht vorgenommen werden, so ist, wenn sie ausschließlich von dem Willen des Schuldners abhängt, auf Antrag von dem Prozeßgericht erster Instanz zu erkennen, daß der Schuldner zur Vornahme der Handlung durch Geldstrafen oder durch Haft anzuhalten sei. **Das Höchstmaß der Geldstrafe ist unbeschränkt.**[1]

1 (zu Anm. 5 des Kommentars). Durch Art. VII 1 Reichs-Geldstrafengef. v. 27./4. 23 (RGBl. I 254) sind im Abs. 1 die Worte „bis zum Gesamtbetrage von fünfzehnhundert Mark" gestrichen und ist der Satz 2 hinzugefügt worden, wonach nun die Höhe der zur Erzwingung der Handlung aufzulegenden Geldstrafe unbeschränkt ist.

q) **§ 890 Abs. 1.** Handelt der Schuldner der Verpflichtung zuwider, eine Handlung zu unterlassen oder die Vornahme einer Handlung zu dulden, so ist er wegen einer jeden Zuwiderhandlung auf Antrag des Gläubigers von dem Prozeßgericht erster Instanz zu einer **Geldstrafe** oder zur Strafe der Haft bis zu sechs Monaten zu verurteilen. Das Maß der Gesamtstrafe darf zwei Jahre Haft nicht übersteigen. **Das Höchstmaß der Geldstrafe ist unbeschränkt.**[1]

1 (zu Anm. 2 des Kommentars). Durch Art. VII 2 Reichs-Geldstrafengef. v. 27./4. 23 (RGBl. I 254) sind im Abs. 1 die Worte „bis zu fünfzehnhundert Mark" gestrichen und ist der Satz 3 hinzugefügt worden. Danach ist das Maß der aufzulegenden Geldstrafe in der Höhe nicht mehr beschränkt.

B. Gerichtsverfassungsgesetz.

a) Zu **§ 14** (betreffend zugelassene besondere Gerichte) **Nr. 3** (Gemeindegerichte, insoweit ihnen die Entscheidung über vermögensrechtliche Ansprüche obliegt, deren Gegenstand in Geld oder Geldeswert die Summe von eintausend Mark nicht übersteigt) Anm. 5a des Kommentars.

Die Summe von 1000 M. ist abgeändert worden durch Ges. v. 27./3. 23 (RGBl. I 217) in 30000 M., durch Ver. v. 23./7. 23 (RGBl. I 742) in 200000 M., durch Ver. v. 15./9. 23 (RGBl. I 884) in 50000000 M., durch Ver. v. 30./10. 23 (RGBl. I 1041) in 60 M., vervielfältigt mit der jeweiligen Reichsindexziffer für die Lebenshaltungskosten, durch Ver. v. 13./12. 23 (RGBl. 1186) in 60 Goldmark (Umrechnung: s. A Bem. i zu § 546 ZPO.).

b) **§ 23** (betreffend die Zuständigkeit der Amtsgerichte in bürgerlichen Rechtsstreitigkeiten, soweit sie nicht ohne Rücksicht auf den Wert des Streitgegenstandes den Landgerichten zugewiesen sind).

aa) **Nr. 1. Streitigkeiten über vermögensrechtliche Ansprüche, deren Gegenstand an Geld oder Geldeswert die Summe von 500 Goldmark nicht übersteigt;**[1]

bb) **Nr. 2. Abs. 7 bis 9.**

Ansprüche aus einem außerehelichen Beischlafe;

Ansprüche aus einem mit der Überlassung eines Grundstücks in Verbindung stehenden Leibgedings-, Leibzuchts-, Altenteils- oder Auszugvertrag;[2]

das Aufgebotsverfahren.

1 (zu Anm. 2 des Kommentars). Die Summe von 10000 M. ist abgeändert worden durch Ges. v. 27./3. 23 (RGBl. I 217) in 300000 M., durch Ver. v. 23./7. 23 (RGBl. I 742) in 3000000 M., durch Ver. v. 15./9. 23 (RGBl. I 884) in 500000000 M., durch Ver. v. 30./10. 23 (RGBl. I 1041) in 250 M., vervielfältigt mit der jeweiligen Reichsindexziffer für die Lebenshaltungskosten, durch Ver. v. 13./12. 23 (RGBl. I 1186) in 500 Goldmark (Umrechnung: s. A Bem. i zu § 546 ZPO.).

2 Der neue Abs. 8 ist durch Art. I 2b Ges. v. 27./3. 23 (RGBl. I 217) in die Nr. 2 eingefügt worden, so daß der bisherige Abs. 8 (Aufgebotsverfahren) zum Abs. 9 geworden ist.

c) Zu **§ 27** (betreffend Zuständigkeit der Schöffengerichte) **Nr. 4 bis 7 a** (betreffend Diebstahl, Unterschlagung, Betrug, Sachbeschädigung, Rückfalldiebstahl und Rückfallbetrug, wenn der Gegenstand der Tat nicht 3000 M. übersteigt) Anm. 9 des Kommentars.

Die Summen von 3000 M. waren abgeändert worden durch Ges. v. 27./3. 23 (RGBl. I 217) in 1000000 M., durch Ver. v. 23./7. 23 (RGBl. I 742) in 5000000 M., durch Ver. v. 15./9. 23 (RGBl. I 884) in 2000000000 M., durch Ver. v. 30./10. 23 (RGBl. I 1041) in 1000 M. vervielfältigt mit der jeweiligen Reichsindexziffer für die Lebenshaltungskosten, durch Ver. v. 13./12. 23 (RGBl. I 1186) in 1000 Goldmark.

d) Zu **§ 28** (betreffend Erklärung der Unzuständigkeit des Schöffengerichts, wenn sich in der Hauptverhandlung herausstellt, daß der Wert des Gegenstandes der Tat 3000 M. übersteigt) Anm. 1 a des Kommentars.

Die Summe von 3000 M. war in dem gleichen Maßstabe wie die Summen in § 27 Nr. 4 bis 7 a abgeändert worden (vgl. oben c).

e) Zu **§ 35** (betreffend Ablehnung der Berufung zum Schöffenamte) Nr. 6 (betreffend Personen, die den mit der Ausübung des Amtes verbundenen Aufwand nicht tragen können).

Die Nr. 6 ist durch das Ges. über die Entschädigung der Schöffen, Geschworenen und Vertrauenspersonen v. 4./7. 22 (RGBl. I 561) aufgehoben worden (vgl. § 55).

f) **§ 55**[1]. **Die Schöffen und die Vertrauenspersonen des Ausschusses erhalten eine angemessene Entschädigung für den ihnen durch ihre Dienstleistung entstehenden Verdienstausfall und den mit der Dienstleistung verbundenen Aufwand sowie Ersatz der Fahrkosten. Ist durch die Dienstleistung eine Vertretung des zum Schöffen oder zur Vertrauensperson Berufenen notwendig ge-**

worden, so können die Kosten der Vertretung nach billigem Ermessen erstattet werden.

Die Höhe der Aufwandsentschädigung und der Fahrkosten sowie die Höchst- und Mindestgrenzen der Entschädigung für den Verdienstausfall bestimmt die Reichsregierung mit Zustimmung des Reichsrats durch allgemeine Anordnung.[2] (Die Höchstgrenze ist mindestens auf den Betrag festzusetzen, der sich ergibt, wenn das Einkommen, für das es nach § 48 Abs. 1 des Einkommensteuergesetzes einer Veranlagung nicht bedarf, auf dreihundert Arbeitstage im Jahre von acht Stunden verteilt wird. Bis zu dieser Höchstgrenze ist der volle Verdienstausfall zu ersetzen.)[2]

Entschädigung und Fahrkosten werden nur auf Verlangen gewährt. Der Anspruch erlischt, wenn das Verlangen nicht binnen drei Monaten nach Beendigung der Dienstleistung bei dem Gerichte, bei dem die Dienstleistung stattgefunden hat, gestellt worden ist. Beschwerden über die Höhe der Entschädigung und der Fahrkosten werden im Aufsichtsweg entschieden.

1 Der § 55 hat seine neue Fassung erhalten durch Ges. über die Entschädigung der Schöffen, Geschworenen und Vertrauenspersonen v. 4./7. 22 (RGBl. I 561).

2 Früher Ver. v. 8./7. 22 (RGBl. I 561) in d. Fassg. v. 29./7. 22 (RGBl. I 673), 10./11. 22 (RGBl. I 847), 13./1. 23 (RGBl. I 57), 27./3. 23 (RGBl. I 220), 5./7. 23 (RGBl. I 632), 18./8. 23 (RGBl. I 811), jetzt neue Ver. v. 18./3. 24 (RGBl. I 282). — Abs. 2 Satz 2 und 3 (in Klammern) sind gestrichen (Bek. v. 22./3. 24, RGBl. I 299, vgl. Abschnitt III).

g) Zu **§ 123** (Zuständigkeit der Oberlandesgerichte zur Entscheidung über Rechtsmittel) vgl. Ver. über die Aburteilung der Landesverrats- und Spionagefälle durch die Oberlandesgerichte v. 12./12. 23 (RGBl. I 1197), jetzt über die Zuständigkeit der Oberlandesgerichte §§ 15, 16 Ver. v. 4./1. 24 (Abschnitt III Nr. 21). Preußen: Zu § 15 vgl. Nr. 1 Allg. Verf. v. 10./1. 24 (JMBl. 17).

h) **§ 127** (betreffend Anstellung des Präsidenten, der Senatspräsidenten und Räte am Reichsgericht) **Abs. 3. Das Dienstalter der Mitglieder des Reichsgerichts richtet sich nach der Ernennung. Auf das Dienstalter ist die Zeit anzurechnen, die das Mitglied als Reichsanwalt, als Rechtsanwalt beim Reichsgericht oder als ordentlicher öffentlicher Lehrer des Rechts an einer deutschen Universität tätig gewesen ist.**[1]

1 Der Abs. 3 ist dem § 127 durch Art. I 4 des 2. Ges. z. weiteren Entlastung der Gerichte v. 27./3. 23 (RGBl. I 217) hinzugefügt worden.

i) **§ 138. Einer der Strafsenate, der durch den Geschäftsverteilungsplan bestimmt wird, erledigt alle richterlichen Geschäfte in den Strafsachen, die zur Zuständigkeit des Reichsgerichts in erster und letzter Instanz gehören, mit Einschluß der Geschäfte, die im § 72 Abs. 1 der Strafkammer des Landgerichts zugewiesen sind.**[1]

1 Der § 138 hat seine neue Fassung durch Art. I 5 des 2. Ges. z. weiteren Entlastung der Gerichte v. 27./3. 23 (RGBl. I 217) erhalten.

k) **§ 139** (betreffend Fassung von Plenarentscheidungen und von Entscheidungen der Vereinigten Zivil- oder Strafsenate des Reichsgerichts) **Abs. 2. Die Zahl der Mitglieder, welche eine entscheidende Stimme führen, muß eine ungerade sein. Ist die Zahl der anwesenden Mitglieder eine gerade, so hat der Rat,**

welcher dem Dienstalter nach,[1] und bei gleichem Dienstalter der, welcher der Geburt nach der jüngere ist, oder, wenn dieser Berichterstatter ist, der nächstältere kein Stimmrecht.

1 Im Satz 2 sind an die Stelle der Worte „zuletzt ernannt ist" durch Art. I 6 des 2. Ges. z. weiteren Entlastung der Gerichte v. 27./3. 23 (RGBl. I 217) gesetzt die Worte „dem Dienstalter nach" (s. § 127 Abs. 3 unter h).

l) **§ 140.** Die Senate des Reichsgerichts entscheiden in der Besetzung von sieben Mitgliedern mit Einschluß des Vorsitzenden.[1]

Der Strafsenat, dem die erstinstanzlichen Strafsachen zugewiesen werden, entscheidet außerhalb der Hauptverhandlung in einer Besetzung von drei Mitgliedern mit Einschluß des Vorsitzenden.

§ 23 Abs. 3 der Strafprozeßordnung findet entsprechende Anwendung.[2]

1 Zu Satz 1 vgl. § 2 Ver. v. 4./1. 24 (Abschnitt III Nr. 22), wonach die Senate jetzt nur mit fünf Mitgliedern besetzt sind.

2 Die Absätze 2 und 3 sind durch Art. I 7 des 2. Ges. z. weiteren Entlastung der Gerichte v. 27./3. 23 (RGBl. I 217) hinzugefügt worden. Vgl. die neue Fassung des § 140 (jetzt § 139) unter Abschnitt III Nr. 22.

C. Bundesratsverordnung zur Entlastung der Gerichte vom 9. September 1915 (RGBl. 562).

a) Zu **§ 17** (betreffend Gebühren der Rechtsanwälte im Mahnverfahren) Abs. 3 (wonach der Rechtsanwalt im Urkunden- oder Wechsel-Mahnverfahren nur $^6/_{10}$ der Gebühren erhält) ist aufgehoben durch Art. II Ges. über die Gebühren der Rechtsanwälte und die Gerichtskosten v. 18./8. 23 (RGBl. I 811). Ferner hat Abs. 2 des § 17 (betreffend Anrechnung der Mahngebühren auf die Prozeßgebühr im nachfolgenden Rechtsstreit) durch Art. III Ver. v. 13./2. 24 eine andere Fassung erhalten (s. Abschnitt IV).

b) **§ 20 Abs. 1.** In Rechtsstreitigkeiten über vermögensrechtliche Ansprüche ist die Zulässigkeit der Berufung durch einen den Betrag von **50 Goldmark**[1] übersteigenden Wert des Beschwerdegegenstandes bedingt.

Abs. 4. Insoweit es sich um die Unzulässigkeit des Rechtswegs handelt sowie[2] in Rechtsstreitigkeiten über Ansprüche, für welche die Landgerichte ohne Rücksicht auf den Wert des Streitgegenstandes ausschließlich zuständig sind, **findet**[2] die Berufung ohne Rücksicht auf den Wert des Beschwerdegegenstandes statt.[3]

1 Die Berufungssumme von eintausend Mark ist abgeändert worden durch Ges. v. 27./3. 23 (RGBl. I 217) in 30000 M., durch Ver. v. 23./7. 23 (RGBl. I 742) in 300000 M., durch Ver. v. 15./9. 23 (RGBl. I 884) in 50000000 M., durch Ver. v. 30./10. 23 (RGBl. I 1041) in 50 M., vervielfältigt mit der jeweiligen Reichsindexziffer für die Lebenshaltungskosten, durch Ver. v. 13./12. 23 (RGBl. I 1186) in 50 Goldmark (Umrechnung: s. A Bem. i zu § 546 ZPO.).

2 Der Abs. 4 hat seine neue Fassung durch Art. I A 1 Ver. v. 22./12. 23 (RGBl. I 1239) erhalten mit Rücksicht auf das öffentliche Interesse, das an der Entscheidung über die Zulässigkeit des Rechtswegs besteht (Begr.).

3 § 20 ist demnächst durch Art. III Ver. v. 13./2. 24 ganz aufgehoben (s. Abschnitt IV Nr. 5).

c) **§ 21. In den Fällen der §§ 3, 4 der Verordnung über die Bewilligung von Zahlungsfristen (RGBl. 1915 S. 290) ist die Zulässigkeit der sofortigen Beschwerde durch einen die Summe von 30 Goldmark**[1] **übersteigenden Betrag der Forderung bedingt.**

1 (zu Anm. 2 des Kommentars). Die Beschwerdesumme von dreihundert Mark ist abgeändert worden durch Ges. v. 27./3. 23 (RGBl. I 217) in 10000 M., durch Ver. v. 23./7. 23 (RGBl. I 742) in 100000 M., durch Ver. v. 15./9. 23 (RGBl. I 884) in 15000000 M., durch Ver. v. 30./10. 23 (RGBl. I 1041) in 30 M., vervielfältigt mit der jeweiligen Reichsindexziffer für die Lebenshaltungskosten, durch Ver. v. 13./12. 23 (RGBl. I 1186) in 30 Goldmark (Umrechnung: s. A Bem. i zu § 546 ZPO.).

d) **§ 22. Im Falle des § 99 Abs. 3 der Zivilprozeßordnung unterliegt die Entscheidung einer sofortigen Beschwerde nur, wenn die Beschwerdesumme den Betrag von 30 Goldmark**[1] **übersteigt.**[2]

1 (zu Anm. 1 des Kommentars). Die Beschwerdesumme von eintausend Mark ist durch Ges. v. 27./3. 23, Ver. v. 23./7. 23, Ver. v. 15./9. 23 in die gleichen Beträge wie die Berufungssumme (§ 20), durch Ver. v. 30./10. 23 und Ver. v. 13./12. 23 in die gleichen Beträge wie die Beschwerdesumme des § 21 (s. oben c) abgeändert worden.

2 § 22 ist demnächst durch Art. III Ver. v. 13./2. 24 aufgehoben (s. Abschnitt IV Nr. 5).

e) Hinter § 22 ist an die Stelle des § 23 mit der Überschrift „Mündliche Verhandlung" nach Art. I A 2 Ver. z. Beschleunigung des Verfahrens in bürgerlichen Rechtsstreitigkeiten v. 22./12. 23 (RGBl. I 1239) getreten:

„Verfahren bis zum Urteil."

und sind die folgenden §§ 23, 23 a, 23 b eingestellt, wodurch dem ordentlichen Verfahren eine größere Elastizität verschafft werden soll (Begr.):

§ 23. Die Vorschrift des § 501 der Zivilprozeßordnung findet auch in dem Verfahren vor den Landgerichten und den Oberlandesgerichten Anwendung. Die erforderlichen Anordnungen hat der Vorsitzende oder ein von ihm zu bestimmendes anderes Mitglied des Gerichts zu treffen.[1]

1 § 23, wodurch die im amtsgerichtlichen Verfahren dem Gericht gewährte Ermächtigung, schon vor der mündlichen Verhandlung vorbereitende Anordnungen zu treffen (§ 501 ZPO.), auf das landgerichtliche Verfahren und auf das Berufungsverfahren ausgedehnt worden (Begr.), ist demnächst durch Art. III Ver. v. 13./2. 24 aufgehoben (s. Abschnitt IV Nr. 5).

§ 23 a. Mit Einverständnis der Parteien kann das Gericht eine Entscheidung ohne mündliche Verhandlung treffen. Die Verkündung der Entscheidung wird durch schriftliche Mitteilung ersetzt; bei Urteilen ist die Urteilsformel durch Zustellung mitzuteilen.[1]

1 Danach ist der Grundsatz der obligatorischen Mündlichkeit insofern abgeschwächt, als von der mündlichen Verhandlung abzusehen ist, wenn sie von den Parteien wie vom Gerichte für entbehrlich gehalten wird (Begr.).

§ 23 b. Ein gemäß § 23 a ohne mündliche Verhandlnng geführtes Verfahren steht hinsichtlich der Gerichtskosten und der Anwaltsgebühren einem Verfahren mit mündlicher Verhandlung gleich. Wird nach einem Beweisaufnahmeverfahren ohne mündliche Verhandlung entschieden, so steht dem Rechtsanwalt in jedem Falle die erhöhte Verhandlungsgebühr (§ 17 der Gebührenordnung für Rechtsanwälte) zu.

f) An die Stelle der Überschrift „Urteil" vor § 24 ist getreten die Überschrift:

„Urteil und Zwangsvollstreckung."

durch die zu e genannte Verordnung.

g) Hinter § 26 sind durch Art. I A 2 Ver. z. Beschleunigung des Verfahrens in bürgerlichen Rechtsstreitigkeiten v. 22./12. 23 (RGBl. I 1239) die folgenden, die wertbeständigen Schuldtitel behandelnden Vorschriften §§ 26a bis 26i eingestellt worden, zu deren Durchführung nach Art. IV Ver. die Reichsregierung mit Zustimmung des Reichsrats Rechtsverordnungen und allgemeine Verwaltungsvorschriften zu erlassen ermächtigt ist:

§ 26a. In Urteilen,[1] Zahlungsbefehlen, Vergleichen und vollstreckbaren Urkunden (§ 794 Nr. 5 der Zivilprozeßordnung)[2] kann die Höhe einer zu zahlenden Geldsumme auch in solchen Umlaufsmitteln bestimmt werden, die, ohne gesetzliches Zahlungsmittel zu sein, von den öffentlichen Kassen in Zahlung genommen werden.[3] Die Höhe der Geldsumme kann ferner, soweit nicht die Reichsregierung mit Zustimmung des Reichsrats etwas anderes bestimmt, auch nach Maßgabe einer amtlichen Teuerungszahl festgesetzt werden. Die Reichsregierung wird ermächtigt, mit Zustimmung des Reichsrats daneben noch andere Werteinheiten, über die amtliche Feststellungen ergehen, als Maßstab zuzulassen.[4]

In dem Schuldtitel (wertbeständiger Schuldtitel) ist die Werteinheit sowie die nähere Art und Weise, in welcher sie als Maßstab dienen soll, genau zu bezeichnen. Ungenauigkeiten in der Bezeichnung können bei Urteilen und Zahlungsbefehlen unter entsprechender Anwendung des § 319 der Zivilprozeßordnung beseitigt werden.[5]

Die Vorschriften der Abs. 1, 2 finden auch im Urkundenprozeß Anwendung.

1 Das wertbeständige Urteil ist insbesondere überall dort von praktischer Bedeutung, wo gegen einen Schuldner die Verpflichtung zu künftigen Leistungen ausgesprochen werden soll und der Umfang seiner Verpflichtung, wie z. B. bei Unterhaltsleistungen, von der jeweiligen Kaufkraft des Geldes beeinflußt wird. Dadurch werden neue Prozesse gemäß § 323 ZPO., wie bei Urteilen mit fest bestimmten Geldsummen der derzeitigen gesetzlichen Währung im Falle von Änderungen des Geldwertes, vermieden (Begr.).

2 In Betracht kommen hier insbesondere Urkunden über wertbeständige Hypotheken mit Unterwerfung des Schuldners unter die sofortige Zwangsvollstreckung. Vgl. RGes. über wertbeständige Hypotheken v. 23./6. 23 (RGBl. 407).

3 Z. B. Schatzanweisungen der wertbeständigen Anleihen des Deutschen Reichs (Goldanleihe), Rentenbankscheine (Begr.).

4 Hierzu Durchführungsver. v. 10./1. 24 (RGBl. I 27), in Kraft v. 10./1. 24:
„Art. I. In wertbeständigen Schuldtiteln (§ 26a der Bekanntmachung zur Entlastung der Gerichte, Reichsgesetzbl. 1923 I S. 1239) kann die Höhe der zu zahlenden Geldsumme in Goldmark bestimmt werden.

Für die Umrechnung der Goldmark in Reichswährung ist der jeweils geltende vom Reichsminister der Finanzen bekanntgegebene Goldumrechnungssatz (§ 2 der Durchführungsbestimmungen zur Aufwertungsverordnung vom 13. Oktober 1923, Reichsgesetzbl. I S. 951) maßgebend.

Art. II. In wertbeständigen Schuldtiteln über Ansprüche, für die eine wertbeständige Hypothek, Grundschuld oder Rentenschuld (§§ 1, 8 des Gesetzes über wertbeständige Hypotheken vom 23. Juni 1923, Reichsgesetzbl. I S. 407) eingetragen worden ist oder nach dem Inhalt des Schuldtitels eingetragen werden soll, kann die Höhe der auf Grund des dinglichen oder persönlichen Schuldverhältnisses zu zahlenden Summe durch die nach dem genannten Gesetz oder den Durchführungsverordnungen zugelassenen Maßstäbe bestimmt werden."

5 Abs. 2 sucht Ungenauigkeiten und Unklarheiten in der Fassung wertbeständiger Schuldtitel vorzubeugen und erleichtert die Berichtigung trotzdem vorkommender Ungenauigkeiten in wertbeständigen Urteilen und Zahlungsbefehlen (Begr.).

§ 26b. Die vollstreckbare Ausfertigung eines wertbeständigen Schuldtitels wird erteilt, ohne daß es der ziffermäßigen Berechnung der Schuldsumme in gesetzlichen Zahlungsmitteln bedarf. Für die Durchführung der Zwangsvollstreckung gelten die Vorschriften der §§ 26c bis 26i.[1]

1 Da in der Regel bei wertbeständigen Schuldtiteln nach ihrem Inhalt die Umrechnung der Schuldsumme in Papiermark erst in einem nach der Erteilung der Vollstreckungsklausel liegenden Zeitpunkt, insbesondere erst bei der Zahlung eintreten soll, wird für den Antrag auf Erteilung der Vollstreckungsklausel ein Nachweis der Höhe, die die Forderung in diesem Augenblick haben würde, nicht verlangt (Satz 1). Die Umrechnung soll vielmehr erst bei der Durchführung der Vollstreckung (gemäß §§ 26c—26i) erfolgen (Begr.).

§ 26c. Bei der Zwangsvollstreckung in bewegliche Sachen berechnet der Gerichtsvollzieher die beizutreibende Geldsumme.[1] **Während der Durchführung der Vollstreckung eintretende Veränderungen der maßgebenden Wertverhältnisse sind zu berücksichtigen.**[2]

Wird gepfändetes Geld oder der Versteigerungserlös hinterlegt, so erfolgt die endgültige Berechnung[3] **durch das Vollstreckungsgericht, und zwar, soweit ein Verteilungsverfahren stattfindet, in diesem Verfahren bei der Aufstellung des Teilungsplans, im übrigen auf Antrag des Gläubigers, des Schuldners oder eines an der Hinterlegung beteiligten Dritten durch besonderen Beschluß. In letzterem Falle**[4] **ist bei einer nachträglichen Änderung der maßgebenden Wertverhältnisse der Beschluß auch nach Eintritt der Rechtskraft bis zur Auszahlung des hinterlegten Betrags auf Antrag zu ändern.**

1 Dem Gerichtsvollzieher liegt es ob, bei der Ausführung eines Pfändungsauftrags die Schuldsummen an der Hand der für den Pfändungstag maßgebenden letzten amtlichen Feststellung zu berechnen (Begr.).

2 Nachträgliche Änderungen der Wertverhältnisse sind deshalb zu berücksichtigen, weil (§ 819 ZPO.) die Vollstreckung erst mit der Vereinnahmung des Versteigerungserlöses durch den Gerichtsvollzieher beendigt ist (Begr.).

3 Nämlich: der auf den Schuldtitel zu dieser Zeit in Papiermark zu zahlenden Summe. Diese Umrechnung hat also, wenn hinterlegtes, gepfändetes oder ersteigertes Geld zur Verteilung oder sonst zur Auszahlung gelangen soll, nun stets das Vollstreckungsgericht vorzunehmen.

4 Im Falle der Aufstellung eines Teilungsplans dagegen wird, wenn sich die Ausführung des Teilungsplans etwa verzögert (z. B. zufolge erhobenen Widerspruchs), eine nachträglich eintretende Änderung der Wertverhältnisse nicht mehr berücksichtigt.

§ 26d. Soll eine Forderung oder ein anderes Vermögensrecht gepfändet werden, so berechnet das Vollstreckungsgericht die beizutreibende Geldsumme in dem Pfändungsbeschluß.[1] **Der Gläubiger hat dem Antrag eine Berechnung beizufügen. Ändern sich nach der Pfändung die maßgebenden Wertverhältnisse, so bleibt das Recht**

des Gläubigers auf Vornahme weiterer Vollstreckungsmaßregeln unberührt; Einwendungen des Schuldners sind ausschließlich gemäß § 766 der Zivilprozeßordnung zu erledigen.[2]

1 Es soll also nicht dem Drittschuldner, der den gepfändeten Betrag an den Pfändungsgläubiger abzuführen hat, die Umrechnung der wertbeständigen Forderung in Papiermark aufgebürdet werden. Im Falle nachträglicher Erhöhung des Papiermarkwertes der Forderung seit Erlassung des Pfändungsbeschlusses bleibt es dem Gläubiger überlassen, mit weiteren Vollstreckungsmaßnahmen vorzugehen (Begr.).

2 Tritt also z. B. nachträglich eine Besserung der Papiermark ein und werden deshalb durch das Fortbestehen des unter Zugrundelegung eines niedrigeren Markkurses erlassenen Pfändungsbeschlusses die Rechte des Schuldners beeinträchtigt, so ist dieser nicht auf die Vollstreckungsgegenklage (§ 767 ZPO.) angewiesen, sondern steht ihm die Erinnerung nach § 766 ZPO. zu.

§ 26e. Bei der Pfändung eines Anspruchs auf Übertragung des Eigentums an einer unbeweglichen Sache entsteht die Sicherungshypothek (§ 848 Abs. 2 der Zivilprozeßordnung) als Höchstbetragshypothek (§ 1190 des Bürgerlichen Gesetzbuchs); Höchstbetrag ist der nach § 26d berechnete Betrag[1]**.**

Ist die zu vollstreckende Forderung in der Art bestimmt, daß für sie eine wertbeständige Hypothek[2] **eingetragen werden kann, so findet § 26d keine Anwendung. Die Sicherungshypothek entsteht als wertbeständige Hypothek.**

1 Abs. 1 ist nachgebildet den Ausführungen in RG. 106, 74 über die wegen einer Valutaschuld einzutragende Zwangshypothek (Begr.).

2 Vgl. § 1 RGes. über wertbeständige Hypotheken v. 23./6. 23 (RGBl. 407), auch Anm. 4 zu § 26a (oben).

§ 26f. Soll für die Forderung des Gläubigers eine Sicherungshypothek eingetragen werden (§§ 866 bis 868 der Zivilprozeßordnung) und ist die Forderung in der Art bestimmt, daß für sie eine wertbeständige Hypothek[1] **eingetragen werden kann, so ist die Sicherungshypothek als wertbeständige einzutragen; dabei findet § 866 Abs. 3 der Zivilprozeßordnung keine Anwendung. Ist die Forderung nicht in dieser Art bestimmt, so ist die Sicherungshypothek als Höchstbetragshypothek einzutragen; Höchstbetrag ist die Geldsumme, die sich aus der letzten vor dem Eingang des Eintragungsantrags bei dem Grundbuchamte veröffentlichten amtlichen Feststellung ergibt.**[2]

1 Vgl. § 1 RGes. über wertbeständige Hypotheken v. 23./6. 23 (RGBl. I 407), auch Anm. 4 zu § 26a (oben).

2 Satz 2 ist nachgebildet den Ausführungen in RG. 106, 74 über die wegen einer Valutaschuld einzutragende Zwangshypothek (Begr.).

§ 26g.[1] **In der Zwangsversteigerung wird die beizutreibende Geldsumme durch das Vollstreckungsgericht in dem Teilungsplan berechnet.**[2] **Nachträgliche Änderungen**[3] **der maßgebenden Verhältnisse bleiben für das weitere Verfahren, unbeschadet der Vorschrift des Abs. 2,**[4] **außer Betracht.**

Soweit in Ausführung des Teilungsplans auf den Gläubiger eine Forderung gegen den Ersteher übertragen wird, ist sie in derselben Weise wertbeständig zu bestimmen, in der die Forderung

des Gläubigers bestimmt war. Ist die Forderung des Gläubigers in der Art bestimmt, daß für sie eine wertbeständige Hypothek eingetragen werden kann, so ist die Sicherungshypothek für die übertragene Forderung (§ 128 des Gesetzes über die Zwangsversteigerung und die Zwangsverwaltung) als wertbeständige einzutragen. Anderenfalls ist die Sicherungshypothek als Höchstbetragshypothek einzutragen; Höchstbetrag ist die Geldsumme, die sich aus der letzten vor dem Eingang des Ersuchens um Eintragung der Sicherungshypothek bei dem Grundbuchamte veröffentlichten amtlichen Feststellung ergibt.[5]

1 Vgl. § 6 RGes. über wertbeständige Hypotheken v. 23./6. 23 (RGBl. I 407).
2 Entspricht dem § 26c Abs. 2.
3 Wenn die Ausführung des Teilungsplans sich etwa verzögert (s. Anm. 5 § 26c).
4 Bezieht sich auf den letzten Satz des Abs. 2.
5 Die übertragene Forderung gegen den Ersteher ist also in gleicher Weise wertbeständig zu gestalten, wie die Forderung des Gläubigers wertbeständig ist. Was jedoch die Eintragung einer Sicherungshypothek für jene Forderung nach § 128 ZVG. betrifft, so ist die Hypothek nur dann als wertbeständige Hypothek einzutragen, wenn die wertbeständige Forderung des Gläubigers eine derartige ist, daß für sie eine wertbeständige Hypothek eingetragen werden kann (vgl. § 1 RGes. v. 23./6. 23, s. Anm. 1), während im anderen Falle die Hypothek als Höchstbetragshypothek zu dem Papiermarkbetrage, der sich aus der Umrechnung auf Grund des Markkurses zur Zeit des Eingangs des Eintragungsersuchens ergibt, einzutragen ist.

§ 26h. In der Zwangsverwaltung wird die Forderung aus einem wertbeständigen Schuldtitel in den Teilungsplan ohne Berechnung der beizutreibenden Geldsumme aufgenommen. Der Zwangsverwalter berechnet die Summe, wenn er auf die Forderung eine Zahlung bewirkt.[1]

1 Die Berechnung erfolgt also hier nicht, wie bei der Zwangsversteigerung (§ 26g), nach dem Markkurse zur Zeit der Aufstellung des Teilungsplans, sondern nach dem Kurse zur Zeit der Auszahlung, weil diese in der Regel nicht sogleich, sondern erst je nach Eingang der Einkünfte erfolgt (Begr.).

§ 26i. Soweit nach den Vorschriften der §§ 26c bis 26h eine Berechnung der beizutreibenden Geldsumme vor der Beendigung der Vollstreckung erfolgt, nach dem Inhalt des Schuldtitels für die Berechnung der Schuldsumme jedoch ein späterer Zeitpunkt maßgebend sein soll, entscheidet sich die Frage, inwieweit der Gläubiger durch die Vollstreckung befriedigt ist, nach dem späteren Zeitpunkt.[1]

In allen Fällen, in denen eine wertbeständige Forderung teilweise beigetrieben wird, ist in dem auf der vollstreckbaren Ausfertigung zu machenden Vermerk anzugeben, wann die Beitreibung erfolgt und auf welchen Betrag die Schuldsumme in diesem Zeitpunkt berechnet worden ist. In Streitfällen hat das Vollstreckungsgericht auf Antrag eines Beteiligten durch Beschluß festzustellen, bis zu welchem Teile die Forderung aus dem wertbeständigen Schuldtitel getilgt ist.[2]

1 Abs. 1 stellt klar, daß in Fällen, in denen die Berechnung der beizutreibenden Papiermarksumme vor der Beendigung der Vollstreckung erfolgt (s. z. B. Anm. 4 § 26c, Anm. 1 § 26d, Anm. 3 § 26g), die sich aus dem Schuldtitel etwa hinsichtlich

des Zeitpunktes der Wertberechnung weitergehenden Rechte des Gläubigers unberührt bleiben (Begr.).

2 Durch Abs. 2 soll Vorsorge getroffen werden, daß bei Teilbefriedigung klargestellt wird, inwieweit die im Schuldtitel wertbeständig ausgedrückte Schuldsumme als getilgt zu betrachten ist (Begr.).

h) Hinter dem § 27 sind nach Art. I A 4 Ver. z. Beschleunigung des Verfahrens in bürgerlichen Rechtsstreitigkeiten v. 22./12. 23 (RGBl. I 1239) folgende Vorschriften eingestellt:

Schiedsurteil.

§ 27a. Bei Rechtsstreitigkeiten, über deren Gegenstand die Parteien einen Vergleich zu schließen berechtigt sind, hat das zuständige Gericht erster oder zweiter Instanz auf den übereinstimmenden Antrag beider Parteien durch Schiedsurteil zu entscheiden. Der Antrag kann schon mit der Einreichung der Klageschrift oder der Berufungsschrift und bis zum Schlusse der mündlichen Verhandlungen gestellt werden.[1]

Ist der im Abs. 1 bezeichnete Antrag gestellt, so bestimmt das Gericht sein Verfahren unbeschadet der Vorschrift des § 78 der Zivilprozeßordnung nach freiem Ermessen.[2] **Das Schiedsurteil steht einem im ordentlichen Verfahren ergangenen rechtskräftigen Endurteil gleich.**[3] **Mit Einverständnis der Parteien kann von einer schriftlichen Begründung Abstand genommen werden. Die Nichtigkeitsklage findet gegenüber dem Schiedsurteil außer in den Fällen des § 579 der Zivilprozeßordnung auch statt, wenn der Partei in dem Verfahren das rechtliche Gehör nicht gewährt war oder das Schiedsurteil, abgesehen vom Falle des Einverständnisses der Parteien, nicht mit Gründen versehen ist.**[4]

Die Gerichtskosten und Anwaltsgebühren bestimmen sich in den Fällen des Abs. 1 nach den für das ordentliche Verfahren geltenden Vorschriften, jedoch werden die in dem Verfahren entstehenden Gerichtsgebühren mit Ausnahme der Prozeßgebühr nur zur Hälfte erhoben.[5]

1 Auch noch in der Berufungsinstanz. Z. B. wenn sich herausstellt, daß die Sache sich doch besser zu einer Regelung durch Schiedsspruch als zu einer Entscheidung nach den strengen Grundsätzen des Prozeßrechts eignet (Begr.).

2 Die Formfreiheit soll dem Verfahren durch Schiedsurteil, wiewohl auch das für die Streitsache zuständige Prozeßgericht erster bzw. zweiter Instanz zu entscheiden hat, die nötige Beweglichkeit und Schleunigkeit sichern (Begr.).

3 Danach kann auch das Schiedsurteil mit den außerordentlichen Rechtsmitteln der Nichtigkeits- und Restitutionsklage (§§ 578 ff. ZPO.) angefochten werden (Begr.).

4 Die Gründe für die Nichtigkeitsklage (§ 579 ZPO.) sind gegenüber dem Schiedsurteil, entsprechend den im § 1041 Nr. 4, 5 ZPO. bestimmten Gründen für die Aufhebung eines Schiedsspruchs, erweitert (Begr.).

5 An Gerichtskosten also die Prozeßgebühr (§ 20 Nr. 1 GKG.) und $^{5}/_{10}$ der Beweis- und der Urteilsgebühr (§ 20 Nr. 2, 3 GKG.) und an Rechtsanwaltsgebühren Prozeßgebühr, Verhandlungs-, Beweisgebühr in voller Höhe. Dies auch dann, wenn schriftliches Verfahren angeordnet ist und eine mündliche Verhandlung nicht stattgefunden hat, da jenes Verfahren an die Stelle dieser Verhandlung tritt.

§ 27b.[1] **Im Falle des § 27a ist das Gericht, wenn die Parteien dies in dem Antrag übereinstimmend verlangen, mit einem Richter**

als Vorsitzenden und zwei nichtrichterlichen Beisitzern, die volljährig sein müssen, zu besetzen. In diesem Falle tritt als Richter im Verfahren vor den Amtsgerichten der Amtsrichter, im Verfahren vor den Landgerichten und den Oberlandesgerichten der Vorsitzende der Kammer oder des Senats oder ein von ihm zu bestimmendes Mitglied ein; ein Handelsrichter darf nicht bestimmt werden. Benennen beide Parteien übereinstimmend den Vorsitzenden oder ein bestimmtes Mitglied mit Zustimmung des Benannten, so soll tunlichst dieser als Richter eintreten. Von den Beisitzern benennt jede Partei einen; Streitgenossen können nur gemeinschaftlich einen Beisitzer benennen.

Die Parteien haben bei Stellung ihres Antrags die Beisitzer zu benennen und deren schriftliche Erklärung, daß sie zur Übernahme eines Amtes bereit sind, beizufügen. Unterläßt dies eine Partei, so setzt ihr das Gericht, im Verfahren vor den Landgerichten und den Oberlandesgerichten der Vorsitzende der Kammer oder des Senats, zur Nachholung der Benennung eine Frist. Nach fruchtlosem Ablauf der Frist weist das Gericht den Antrag zurück. Das gleiche gilt, wenn ein Beisitzer nach der Übernahme des Amtes ausscheidet und die Partei, die ihn benannt hat, nicht innerhalb einer ihr zu setzenden Frist einen anderen Beisitzer benennt.

Hinsichtlich der Ausschließung und Ablehnung gelten für die Beisitzer die gleichen Vorschriften wie für Richter.[2] Die Entscheidung erfolgt durch das Gericht in der ordentlichen Besetzung und ist endgültig.

Die Beisitzer sind zur Führung ihres Amtes verpflichtet. Im Falle ihres Fernbleibens von einer Sitzung finden die für das Ausbleiben eines Sachverständigen geltenden Vorschriften entsprechende Anwendung.[3]

Die Beisitzer haben Anspruch auf Vergütung aus der Staatskasse nach Maßgabe der Vorschriften über die Entschädigung von Sachverständigen.[4] Die gerichtliche Festsetzung (§ 17 Abs. 1 der Gebührenordnung für Zeugen und Sachverständige, Reichsgesetzbl. 1922 I S. 242) erfolgt durch den Richter, der den Vorsitz geführt hat; Beschwerden werden im Aufsichtsweg entschieden. Die Parteien haben einen zur Deckung der Vergütung ausreichenden Vorschuß an die Staatskasse zu zahlen; die Vorschriften des Abs. 2 Satz 2 und 3 finden entsprechende Anwendung.

Die Parteien können untereinander und mit den Beisitzern vereinbaren, deren Vergütung selbst zu übernehmen. In diesem Falle finden die Vorschriften des Abs. 5 keine Anwendung;[5] die den Parteien durch die Vergütung der Beisitzer entstehenden außergerichtlichen Kosten sind jedoch nur bis zu der aus Abs. 5 sich ergebenden Höhe erstattungsfähig.

Im übrigen finden auf die Beisitzer die Vorschriften der §§ 30 bis 32, 51 des Gerichtsverfassungsgesetzes[6] entsprechende Anwendung.

1 § 27b sieht für das Schiedsverfahren nach § 27a die Möglichkeit der Zuziehung nichtrichterlicher Beisitzer vor in der Weise, daß bei den Kollegialgerichten der Vorsitzende oder ein von ihm zu bestimmendes Mitglied den Vorsitz im Schiedsgericht führt, die anderen richterlichen Mitglieder ausscheiden und die Laien-Beisitzer von den Parteien bei Stellung des Antrags auf Schiedsverfahren oder binnen der vom Gericht gestellten Frist, bei deren fruchtlosem Ablauf der Antrag zurückgewiesen wird, benannt werden.

2 §§ 41—44, 46—48 ZPO.

3 § 409 ZPO.

4 Gebührenordnung für Zeugen und Sachverständige in neuer Fassung, s. Abschnitt I Ag.

5 Im Falle der gemeinsamen Vereinbarung über die Vergütung der Laien-Beisitzer (nicht auch des Vorsitzenden) steht diesen also nur ein Anspruch gegen die Parteien nach Maßgabe der getroffenen Abrede, nicht auch gegen den Staat zu.

6 Bestimmungen über das Richteramt eines Schöffen und seine Unfähigkeit dazu.

§ 27c. Im amtsgerichtlichen Verfahren ist bei Streitigkeiten über vermögensrechtliche Ansprüche, sofern der Wert des Streitgegenstandes zur Zeit der Einreichung der Klage 50 Goldmark nicht übersteigt, ohne Rücksicht auf die Anträge der Parteien nach den Grundsätzen des § 27a zu verfahren.[1] § 27b findet in diesem Falle keine Anwendung.

Auf die in dem Gesetz über Mieterschutz und Mieteinigungsämter vom 1. Juni 1923 (Reichsgesetzbl. I S. 353) geregelten bürgerlichen Rechtsstreitigkeiten finden die Vorschriften des Abs. 1, 2 keine Anwendung.[2]

1 Danach ist das Schiedsverfahren nach § 27a unabhängig von Anträgen der Parteien vorgeschrieben für die bezeichneten amtsgerichtlichen Streitsachen, in denen wegen der Geringfügigkeit des Streitwertes die Berufung gegen die erstinstanzliche Entscheidung (vgl. Abschnitt I Cb) ohnehin ausgeschlossen ist (Begr.).

2 Weil in dem genannten Gesetz für die den Amtsgerichten zugewiesenen Mietstreitigkeiten bereits ein besonderes Verfahren unter Laienbeteiligung vorgeschrieben ist (Begr.).

D. Preußische Allgemeine Verfügung zur Ausführung des Reichsgesetzes zur Entlastung der Gerichte (Anhang Nr. II).

Die §§ 2 bis 7 der Allgemeinen Verfügung vom 3./3. 21 (JMBl. 133) nebst der Ergänzungsver. v. 11./6. 21 (JMBl. 339) sowie die Allgemeinen Verfügungen zur Ausführung des Gesetzes v. 14./12. 20 (GS. 1921 S. 75), betr. die Übertragung richterlicher Geschäfte in Grundbuchsachen auf die Gerichtsschreiber, v. 25./1. 21 (JMBl. 75) und v. 7./6. 21 (JMBl. 341) sind aufgehoben und ersetzt worden durch die „Entlastungsverfügung" v. 28./5. 23 (JMBl. S. 401).

II.

Änderungen der Zivilprozeßordnung

durch Artikel II der Verordnung über das Verfahren in bürgerlichen Rechtsstreitigkeiten vom 13. Februar 1924 (RGBl. S. I 135), in Kraft vom 1. Juni 1924.

1. Im § 80 Abs. 2 ist Satz 1: „Eine Privaturkunde muß auf Verlangen des Gegners gerichtlich oder notariell beglaubigt werden" durch zwei neue Sätze ersetzt, wonach nicht stets auf Verlangen des Gegners die Beglaubigung der Vollmacht erfolgen muß, sondern es nun im Ermessen des Gerichts liegt, auf Antrag die Beglaubigung anzuordnen, und die Zurückweisung des Antrags unanfechtbar ist.

§ 80. Der Bevollmächtigte hat die Bevollmächtigung durch eine schriftliche Vollmacht nachzuweisen und diese zu den Gerichtsakten abzugeben.

Das Gericht kann auf Antrag des Gegners die öffentliche Beglaubigung einer Privaturkunde anordnen. Wird der Antrag zurückgewiesen, so ist dagegen kein Rechtsmittel zulässig. Bei der Beglaubigung bedarf es weder der Zuziehung von Zeugen noch der Aufnahme eines Protokolls.

2. Im § 91 sind die neuen Abs. 3, 4 eingestellt. Danach gehören zu den Kosten des Rechtsstreits auch die Kosten eines Güteverfahrens vor dem Amtsgericht oder vor einer durch die Landesjustizverwaltung eingerichteten oder anerkannten Gütestelle, sofern nicht bis zur Klagerhebung ein Jahr verstrichen ist, in welchem Falle es nach § 495a Abs. 2 eines neuen Güteverfahrens vor Klagerhebung grundsätzlich bedarf (s. Nr. 56).

§ 91. Die unterliegende Partei hat die Kosten des Rechtsstreits zu tragen, insbesondere die dem Gegner erwachsenen Kosten zu erstatten, soweit dieselben zur zweckentsprechenden Rechtsverfolgung oder Rechtsverteidigung notwendig waren. Die Kostenerstattung umfaßt auch die Entschädigung des Gegners für die durch notwendige Reisen oder durch die notwendige Wahrnehmung von Terminen entstandene Zeitversäumnis; die für die Entschädigung von Zeugen geltenden Vorschriften finden entsprechende Anwendung.

Die Gebühren und Auslagen des Rechtsanwalts der obsiegenden Partei sind in allen Prozessen zu erstatten, Reisekosten eines auswärtigen Rechtsanwalts jedoch nur insoweit, als die Zuziehung zur zweckentsprechenden Rechtsverfolgung oder Rechtsverteidigung notwendig war. Die Kosten mehrerer Rechtsanwälte sind nur insoweit zu erstatten, als sie die Kosten eines Rechtsanwalts nicht übersteigen, oder als in der Person des Rechtsanwalts ein Wechsel eintreten mußte.

Zu den Kosten des Rechtsstreits im Sinne der Abs. 1, 2 gehören auch die Kosten eines vorausgegangenen Güteverfahrens; das gilt nicht, wenn zwischen der Beendigung des Güteverfahrens und der Klageerhebung mehr als ein Jahr verstrichen ist.

Abs. 3 findet entsprechende Anwendung auf die Gebühren, die durch ein Güteverfahren vor einer Gütestelle der im § 495a Abs. 1 Nr. 1 bezeichneten Art entstanden sind.

3. § 97 Abs. 2: „Die Kosten der Berufungsinstanz können der obsiegenden Partei ganz oder teilweise auferlegt werden, wenn sie auf Grund eines neuen Vorbringens obsiegt, welches sie nach freiem Ermessen des Gerichts in erster Instanz geltend zu machen imstande war" hat eine andere Fassung erhalten, wonach nun die Auferlegung der Kosten der Berufungsinstanz zwingend vorgeschrieben ist im Falle des Obsiegens auf Grund nachgeholten, schon in erster Instanz möglichen Vorbringens oder von Angriffsmitteln, Verteidigungsmitteln, Erklärungen, Beweismitteln oder Beweiseinreden, die in erster Instanz wegen schuldhaften Nachbringens zurückgewiesen worden waren (s. Nr. 28, 29, 30; vgl. auch § 529 Abs. 2 unter Nr. 78). Im Abs. 3 sind an die Stelle der Worte „sechshundert Mark" die Worte „fünfhundert Goldmark" gesetzt worden.

§ 97. Die Kosten eines ohne Erfolg eingelegten Rechtsmittels fallen der Partei zur Last, welche dasselbe eingelegt hat.

Die Kosten der Berufungsinstanz **sind** der obsiegenden Partei ganz oder teilweise **aufzuerlegen**, wenn sie auf Grund eines neuen Vorbringens obsiegt, welches sie nach freiem Ermessen des Gerichts in erster Instanz geltend zu machen imstande war **oder mit dem sie in erster Instanz nach §§ 279, 279a, 283 Abs. 2 zurückgewiesen worden ist.**

Die Kosten der Revisionsinstanz in Rechtsstreitigkeiten über Ansprüche, für welche die Landgerichte ohne Rücksicht auf den Wert des Streitgegenstandes ausschließlich zuständig sind, hat auch im Falle des Obsiegens die Reichs- oder die Staatskasse zu tragen, wenn der Wert des Streitgegenstandes die Summe von **fünfhundert Goldmark** nicht übersteigt und der Vertreter des Reichs oder des Staates die Revision eingelegt hat.

4. § 108 Abs. 1: „Die Bestellung einer prozessualischen Sicherheit ist, sofern nicht die Parteien ein anderes vereinbart haben, oder dieses Gesetz eine nach freiem Ermessen des Gerichts zu bestimmende Sicherheit zuläßt, durch Hinterlegung von Geld oder solchen Wertpapieren zu bewirken, welche nach § 234 Abs. 1, 3 des Bürgerlichen Gesetzbuchs zur Sicherheitsleistung geeignet sind, oder nach richterlichem Ermessen eine genügende Deckung gewähren" hat eine andere Fassung erhalten, wonach in allen Fällen in erster Linie das Gericht die Art (auch anders als in Geld oder Wertpapieren) und Höhe der Sicherheitsleistung bestimmen kann. Vgl. dazu hinsichtlich der Sicherheitsleistung beim Arrest Nr. 108.

§ 108. In den Fällen der Bestellung einer prozessualischen Sicherheit kann das Gericht nach freiem Ermessen bestimmen, in welcher Art und Höhe die Sicherheit zu leisten ist. Soweit das Gericht eine Bestimmung nicht getroffen hat und die Parteien ein anderes nicht vereinbart haben, ist die Sicherheitsleistung durch Hinterlegung von Geld oder solchen Wertpapieren zu bewirken, welche nach § 234 Abs. 1, 3 des Bürgerlichen Gesetzbuches zur Sicherheitsleistung geeignet sind.

Die Vorschriften des § 234 Abs. 2 und des § 235 des Bürgerlichen Gesetzbuchs finden entsprechende Anwendung.

5. Im § 118 Abs. 2 ist dem Satz 2 ein Zusatz hinzugefügt, betreffend die Unterhaltsklage des unehelichen Kindes, entsprechend dem nun fortgefallenen § 28 Entl.-BO. v. 9./9. 15 (s. Abschnitt IV Nr. 5).

§ 118. Das Gesuch um Bewilligung des Armenrechts ist bei dem Prozeßgericht anzubringen. Es kann vor dem Gerichtsschreiber zu Protokoll erklärt werden.

Dem Gesuch ist ein von der obrigkeitlichen Behörde der Partei ausgestelltes Zeugnis beizufügen, in welchem unter Angabe des Standes oder Gewerbes, der Vermögens- und Familienverhältnisse der Partei sowie des Betrags der von dieser zu entrichtenden direkten Staatssteuern das Unvermögen zur Bestreitung der Prozeßkosten ausdrücklich bezeugt wird. Für Personen, welche unter Vormundschaft oder Kuratel stehen, kann das Zeugnis auch von der vormundschaftlichen Behörde ausgestellt werden; **soll von einem unehelichen Kinde ein Anspruch auf Unterhalt gegen seinen Vater geltend gemacht werden, so bedarf es des Zeugnisses nicht.**

In dem Gesuche ist das Streitverhältnis unter Angabe der Beweismittel darzulegen.

6. Hinter § 118 ist folgende Vorschrift über einen Vergleich auf ein Armenrechtsgesuch vor dem Landgericht eingestellt:

§ 118a. Wird in Streitigkeiten über vermögensrechtliche Ansprüche vor dem Landgericht auf ein Armenrechtsgesuch der Gegner zu Protokoll des Gerichtsschreibers gehört und einigen sich hierbei beide Parteien über den streitigen Anspruch, so ist der Vergleich zu richterlichem Protokoll zu nehmen. Richter in diesem Sinne ist der Vorsitzende der Kammer oder ein von ihm beauftragtes Kammermitglied.

7. § 137 Abs. 3 Satz 1: „Eine Bezugnahme auf Schriftstücke statt mündlicher Verhandlung ist unzulässig" hat eine andere Fassung erhalten, wonach eine solche Bezugnahme bei Einverständnis der Parteien und des Gerichts nun zulässig ist.

§ 137. Die mündliche Verhandlung wird dadurch eingeleitet, daß die Parteien ihre Anträge stellen.

Die Vorträge der Parteien sind in freier Rede zu halten; sie haben das Streitverhältnis in tatsächlicher und rechtlicher Beziehung zu umfassen.

Eine Bezugnahme auf Schriftstücke ist zulässig, soweit keine der Parteien widerspricht und das Gericht sie für angemessen hält. Die Vorlesung von Schriftstücken findet nur insoweit statt, als es auf den wörtlichen Inhalt derselben ankommt.

In Anwaltsprozessen ist neben dem Anwalt auch der Partei selbst auf Antrag das Wort zu gestatten.

8. § 139 Abs. 1: „Der Vorsitzende hat durch Fragen darauf hinzuwirken, daß unklare Anträge erläutert, ungenügende Angaben der geltend gemachten Tatsachen ergänzt und die Beweismittel bezeichnet, überhaupt alle für die Feststellung des Sachverhältnisses erheblichen Erklärungen abgegeben werden" hat eine andere Fassung erhalten, wodurch die Aufklärungspflicht des Vorsitzenden, entsprechend der bisher nur für die Amtsgerichte gegebenen, nun gestrichenen (s. Nr. 63) Vorschrift § 502 erweitert ist.

§ 139. Der Vorsitzende hat dahin zu wirken, daß die Parteien über alle erheblichen Tatsachen sich vollständig erklären und die sachdienlichen Anträge stellen, insbesondere auch ungenügende Angaben der geltend gemachten Tatsachen ergänzen und die Beweismittel bezeichnen. Er hat zu diesem Zwecke, soweit erforderlich, das

Sach- und Streitverhältnis mit den Parteien nach der tatsächlichen und der rechtlichen Seite zu erörtern und Fragen zu stellen.

Der Vorsitzende hat auf die Bedenken aufmerksam zu machen, welche in Ansehung der von Amts wegen zu berücksichtigenden Punkte obwalten.

Er hat jedem Mitgliede des Gerichts auf Verlangen zu gestatten, Fragen zu stellen.

9. Im § 141 ist dem Abs. 1 ein Zusatz und ferner ein Abs. 3 hinzugefügt, wonach von der Anordnung des persönlichen Erscheinens einer Partei beim Vorliegen wichtiger Gründe abgesehen werden soll und die ausgebliebene Partei ebenso wie ein ausgebliebener Zeuge (§ 380) zu Geldstrafe (nicht auch Haft, ferner nicht zu den verursachten Kosten) verurteilt werden kann mit Ausnahme des Falles Abs. 3 Satz 2 (Entsendung eines Vertreters, der aus eigener Kenntnis der Umstände Auskunft geben kann und zugleich ermächtigt ist, die nach der Sachlage gebotenen Erklärungen, insbesondere zu einem Vergleich, abzugeben.)

§ 141. Das Gericht kann das persönliche Erscheinen einer Partei zur Aufklärung des Sachverhalts anordnen; **von der Anordnung soll abgesehen werden, wenn der Partei wegen weiter Entfernung ihres Aufenthaltsorts vom Gerichtssitz oder aus sonstigen wichtigen Gründen die persönliche Wahrnehmung des Termins nicht zugemutet werden kann.**

Wird das Erscheinen angeordnet, so ist die Partei von Amts wegen zu laden. Die Ladung ist der Partei selbst zuzustellen, auch wenn sie einen Prozeßbevollmächtigten bestellt hat.

Bleibt die Partei im Termin aus, so können gegen sie die gleichen Strafen wie gegen einen im Vernehmungstermine nicht erschienenen Zeugen, jedoch mit Ausnahme der Haftstrafe, verhängt werden. Das gilt nicht, wenn die Partei zur Verhandlung einen Vertreter entsendet, der zur Aufklärung des Tatbestandes in der Lage und zur Abgabe der gebotenen Erklärungen, insbesondere zu einem Vergleichsabschlusse, ermächtigt ist. Die Partei ist auf die Folgen ihres Ausbleibens in der Ladung hinzuweisen.

10. § 163 hat einen neuen Abs. 3 bezüglich Nichtzuziehung eines Protokollführers erhalten. Im Falle der Nichtzuziehung hat nun der Vorsitzende selbst das Protokoll anzufertigen.

§ 163. Das Protokoll ist von dem Vorsitzenden und dem Gerichtsschreiber zu unterschreiben.

Ist der Vorsitzende verhindert, so unterschreibt für ihn der älteste beisitzende Richter. Im Falle der Verhinderung des Amtsrichters genügt die Unterschrift des Gerichtsschreibers.

Von der Zuziehung eines Protokollführers kann nach Bestimmung des Vorsitzenden abgesehen werden.

11. Hinter § 163 ist folgende Vorschrift bezüglich der Verwendung der Kurzschrift eingestellt:

§ 163a. Niederschriften größeren Umfanges, insbesondere über die Aussagen von Zeugen und Sachverständigen und über das Ergebnis eines Augenscheins, können in einer gebräuchlichen Kurzschrift als Anlage des Protokolls (§ 160 Abs. 2) aufgenommen

werden. In diesem Falle ist die Anlage stets den Beteiligten vorzulesen und allein von dem Gerichtsschreiber zu unterzeichnen. § 162 Satz 2 findet Anwendung. Nach Beendigung des Termins ist unverzüglich eine Uebertragung der Anlage des Protokolls in die gewöhnliche Schrift anzufertigen und von dem Gerichtsschreiber zu beglaubigen. Die Übertragung tritt für das weitere Verfahren an die Stelle der Anlage.

Der Nachweis der Unrichtigkeit der Übertragung ist jederzeit zulässig.

12. Hinter § 212 ist folgende Vorschrift eingestellt, die der für die Zustellung an einen Anwalt bisher nur im Amtsgerichtsverfahren im § 496 Abs. 4 gegebenen (s. Nr. 57) entspricht:

§ 212a. Bei Zustellungen an einen Anwalt genügt zum Nachweis der Zustellung das mit Datum und Unterschrift versehene schriftliche Empfangsbekenntnis des Anwalts.

13. Im § 224 Abs. 1 sind die Worte „verlängert oder" gestrichen, so daß nun Fristen durch Vereinbarung der Parteien nur abgekürzt, nicht auch verlängert werden können.

§ 224. Durch Vereinbarung der Parteien können Fristen, mit Ausnahme der Notfristen, **abgekürzt** werden.

Auf Antrag können richterliche und gesetzliche Fristen abgekürzt oder verlängert werden, wenn erhebliche Gründe glaubhaft gemacht sind, gesetzliche Fristen jedoch nur in den besonders bestimmten Fällen.

Im Falle der Verlängerung wird die neue Frist von dem Ablaufe der vorigen Frist an berechnet, wenn nicht im einzelnen Falle ein anderes bestimmt ist.

14. § 227: „Die Parteien können die Aufhebung eines Termins vereinbaren. Wird die Verlegung eines Termins beantragt, so finden die Bestimmungen über Verlängerung einer Frist entsprechende Anwendung" hat eine andere Fassung erhalten, wonach Vertagungen und Terminsaufhebungen nicht mehr zufolge Vereinbarung der Parteien eintreten, sondern nur aus erheblichen Gründen vom Gericht angeordnet werden dürfen und Beschlüsse über Terminsaufhebungen und Vertagungen, sofern sie ohne mündliche Verhandlung ergehen, mit Gründen zu versehen sind, die Zurückweisung hierauf gerichteter Anträge aber unanfechtbar ist.

§ 227. Das Gericht kann aus erheblichen Gründen auf Antrag oder von Amts wegen einen Termin aufheben. Beschlüsse hierüber können ohne mündliche Verhandlnng ergehen.

Der Beschluß über die Aufhebung eines Termins ist, falls er ohne mündliche Verhandlung ergeht, mit Gründen zu versehen. Auch die Zurückweisung eines Antrags auf Aufhebung eines Termins ist unanfechtbar.

Die Vorschriften der Abs. 1, 2 gelten auch für die Verlegung eines Termins und für die Vertagung einer Verhandlung.

Ferner ist § 228: „Die Verlegung eines Termins, die Vertagung einer Verhandlung und die Anberaumung eines Termins zur Fortsetzung der Verhandlung kann auch von Amts wegen erfolgen" gestrichen mit Rücksicht auf die neue Fassung des § 227.

15. Im § 233 Abs. 1 waren durch die Novelle v. 22./5. 10 hinter dem Worte „Notfrist" die Worte „oder die Revisionsbegründungsfrist" eingefügt worden. Hinter diesen Worten wurden dann durch Art. II des am 15./2. 23 in Kraft getretenen RGes. zur Änderung des Gerichtskostengesetzes v. 21./12. 22 die Worte „oder die ihr gemäß § 520 Abs. 3, § 554 Abs. 7 gesetzte Frist" eingefügt (s. Abschnitt I A d). Jetzt ist durch die neue Fassung des § 519 für die Berufungsbegründung eine Frist von einem Monat eingeführt und § 520 Abs. 3 als § 519 Abs. 6 in anderer Fassung eingestellt (s. Nr. 70, 71), so daß § 233 nunmehr wie folgt lautet:

§ 233. Einer Partei, welche durch Naturereignisse oder andere unabwendbare Zufälle verhindert worden ist, eine Notfrist oder **die Frist zur Begründung der Berufung oder der Revision oder die ihr gemäß § 519 Abs. 6, § 554 Abs. 7 gesetzte Frist** einzuhalten, ist auf Antrag die Wiedereinsetzung in den vorigen Stand zu erteilen.

Hat eine Partei die Einspruchsfrist versäumt, so ist ihr die Wiedereinsetzung auch dann zu erteilen, wenn sie von der Zustellung des Versäumnisurteils ohne ihr Verschulden keine Kenntnis erlangt hat.

16. Im § 234 Abs. 2 ist Halbsatz 2: „sie kann durch Vereinbarung der Parteien nicht verlängert werden" gestrichen, weil nun Fristen durch Vereinbarung überhaupt nicht verlängert werden können (s. Nr. 13).

§ 234. Die Wiedereinsetzung muß innerhalb einer zweiwöchigen Frist beantragt werden.

Die Frist beginnt mit dem Tage, an welchem das Hindernis gehoben ist.

Nach Ablauf eines Jahres, von dem Ende der versäumten Notfrist an gerechnet, kann die Wiedereinsetzung nicht mehr beantragt werden.

17. § 251: „Die Parteien können vereinbaren, daß das Verfahren ruhen solle. Die Vereinbarung hat auf den Lauf der Notfristen keinen Einfluß.

Erscheinen in einem Termine zur mündlichen Verhandlung beide Parteien nicht, so ruht das Verfahren, bis eine Partei eine neue Ladung zustellen läßt." hat eine andere Fassung erhalten, wonach das Ruhen des Verfahrens, das nun nicht bloß auf Notfristen, sondern auf alle Fristen des § 233 Abs. 1 (s. Nr. 15) keinen Einfluß hat, nicht mehr zufolge Vereinbarung der Parteien, sondern nur auf Anordnung des Gerichts eintritt, diese jedoch zu erfolgen hat, wenn beide Parteien es beantragen und wichtige Gründe vorliegen, und durch Abs. 2 verhindert wird, daß das Ruhen nur zur einmaligen Vertagung herbeigeführt wird.

§ 251. **Das Gericht hat das Ruhen des Verfahrens anzuordnen, wenn beide Parteien dies beantragen und anzunehmen ist, daß wegen Schwebens von Vergleichsverhandlungen oder aus sonstigen wichtigen Gründen diese Anordnung zweckmäßig ist. Die Anordnung hat auf den Lauf der im § 233 Abs. 1 bezeichneten Fristen keinen Einfluß.**

Vor Ablauf von drei Monaten kann das Verfahren nur mit Zustimmung des Gerichts aufgenommen werden.

18. Hinter § 251 ist folgende Vorschrift eingestellt:

§ 251a. **Erscheinen in einem Termine beide Parteien nicht oder stellt beim Ausbleiben einer Partei, ohne daß es zur Vertagung kommt, die erschienene Partei keine Anträge zur Sache, so kann das Gericht nach Lage der Akten entscheiden. Ein Urteil darf in diesem Falle nur in einem besonderen, auf mindestens eine Woche hinaus**

anzusetzenden Termine verkündet werden, und nur wenn in einem früheren Termin eine mündliche Verhandlung stattgefunden hat. Das Gericht hat der nicht erschienenen Partei durch eingeschriebenen Brief den Verkündungstermin bekanntzugeben. . Die Verkündung unterbleibt, wenn eine nicht erschienene Partei dies vor dem Verkündungstermine beantragt und glaubhaft macht, daß sie in dem Verhandlungstermin ohne ihr Verschulden ausgeblieben ist.

Ergeht eine Entscheidung nach Lage der Akten nicht, so bestimmt das Gericht von Amts wegen einen neuen Termin zur mündlichen Verhandlung und gibt ihn den Parteien bekannt oder ordnet das Ruhen des Verfahrens an.

Danach tritt, wenn beide Parteien im Termin ausbleiben oder die allein erschienene Partei keine Anträge stellt, nicht, wie bisher nach § 251 Abs. 2 (s. Nr. 17), Ruhen des Verfahrens ohne weiteres ein, ist vielmehr das Gericht befugt, einen neuen Termin zur mündlichen Verhandlung zu bestimmen oder das Ruhen des Verfahrens wie nach § 251 neuer Fassung (s. Nr. 17) anzuordnen oder auch eine Entscheidung nach Lage der Akten, wenn die bisherigen Ergebnisse des Verfahrens ihm eine genügende Grundlage dazu bieten, zu erlassen, insbesondere Beweisbeschlüsse oder Urteile. Jedoch darf ein Urteil erst in einem Verkündungstermin erlassen werden und nur, sofern nicht auch nur eine der nicht erschienenen Parteien vor dem Termin ihr Ausbleiben glaubhaft entschuldigt. Ferner ist Voraussetzung für die Erlassung eines Urteils, daß in einem früheren Termin schon einmal mündlich verhandelt ist, also beide Parteien über die Streitsache gehört worden sind. Wird ein Urteil erlassen, so hat als fingiert zu gelten, daß von den Parteien streitig verhandelt ist und die eingereichten nach dem Akteninhalt annehmbar dem Gegner zugestellten Schriftsätze und die etwaigen annehmbar den Parteien abschriftlich mitgeteilten Beweisprotokolle, Gutachten, Auskünfte usw. sowie die Ergebnisse der früheren mündlichen Verhandlung (daher kann im Falle des Richterwechsels ein Urteil nicht erlassen werden, sofern nicht diese Ergebnisse protokolliert worden sind) zum Vortrag gebracht worden sind. Bezüglich solcher tatsächlichen Behauptungen, auf welche eine schriftliche Erklärung des Gegners fehlt, gilt nicht die Fiktion des Zugeständnisses wie beim Versäumnisurteil (§ 331), vielmehr hat das Gericht nach dem Zusammenhang der gegnerischen Erklärungen zu entscheiden, ob und inwieweit sie als unstreitig anzusehen sind. Vgl. auch § 23 a EntlVO. v. 9./9. 15 gemäß Art. I 2 VO. des RJM. zur Beschleunigung des Verfahrens in bürgerlichen Rechtsstreitigkeiten v. 22./12. 23 (RGBl. 1239), wonach mit Einverständnis der Parteien das Gericht eine Entscheidung ohne mündliche Verhandlung treffen kann (s. Abschnitte I C c und IV Nr. 5).

19. § 253 Abs. 3: „In der Klageschrift soll ferner der Wert des nicht in einer bestimmten Geldsumme bestehenden Streitgegenstandes angegeben werden, wenn die Zuständigkeit des Gerichts von diesem Werte abhängt" hat eine andere Fassung und eine neue Vorschrift erhalten, wonach die Klageschrift auch die Aufforderung an den Beklagten enthalten soll, etwaige Einwendungen und Beweismittel durch Schriftsatz eines Anwalts unverzüglich dem Kläger und dem Gericht mitzuteilen.

§ 253. Die Erhebung der Klage erfolgt durch Zustellung eines Schriftsatzes.

Derselbe muß enthalten:

1. die Bezeichnung der Parteien und des Gerichts;
2. die bestimmte Angabe des Gegenstandes und des Grundes des erhobenen Anspruchs, sowie einen bestimmten Antrag;
3. die Ladung des Beklagten vor das Prozeßgericht zur mündlichen Verhandlung des Rechtsstreits.

Die Klageschrift soll ferner enthalten:

1. **die Aufforderung, etwaige gegen die Behauptungen des Klägers vorzubringende Einwendungen und Beweismittel unverzüglich durch den zu bestellenden Anwalt (§ 215) in einem Schriftsatz dem Kläger und dem Gerichte mitzuteilen;**
2. **die Angabe des Wertes des Streitgegenstandes, wenn hiervon die Zuständigkeit des Gerichts abhängt und der Streitgegenstand nicht in einer bestimmten Geldsumme besteht.**

Außerdem finden die allgemeinen Bestimmungen über die vorbereitenden Schriftsätze auch auf die Klageschrift Anwendung.

20. § 264: „Nach dem Eintritte der Rechtshängigkeit ist eine Änderung der Klage nur zuzulassen, wenn der Beklagte einwilligt oder wenn nach dem Ermessen des Gerichts durch die Änderung die Verteidigung des Beklagten nicht wesentlich erschwert wird" hat eine andere Fassung erhalten, wonach die (vom Beklagten nicht bewilligte) Zulassung der Klagänderung ganz in das Ermessen des Gerichts gestellt ist.

§ 264. Nach dem Eintritt der Rechtshängigkeit ist eine Änderung der Klage **zulässig**, wenn der Beklagte einwilligt oder **das Gericht sie für sachdienlich erachtet.**

21. § 272 Abs. 2: „Tritt eine Vertagung der mündlichen Verhandlung ein, so kann das Gericht die Fristen bestimmen, binnen welcher die noch erforderlichen vorbereitenden Schriftsätze mitzuteilen sind" ist gestrichen. Vgl. dazu die neue Vorschrift des § 279a (s. Nr. 29), wodurch der Abs. 2 entbehrlich geworden ist.

§ 272. Jede Partei hat dem Gegner solche tatsächliche Behauptungen, Beweismittel und Anträge, auf welche derselbe voraussichtlich ohne vorhergehende Erkundigung keine Erklärung abgeben kann, vor der mündlichen Verhandlung mittels vorbereitenden Schriftsatzes so zeitig mitzuteilen, daß der Gegner die erforderliche Erkundigung noch einzuziehen **vermag.**

22. Hinter § 272 ist die folgende Vorschrift eingestellt, wonach das Gericht zur Verhütung der Vertagung einer Partei auf ihren Antrag unter gleichzeitiger Anberaumung eines Verkündungstermins die Nachbringung einer schriftlichen Erklärung mit der Wirkung gestatten kann, daß die Erklärung bei rechtzeitigem Eingang berücksichtigt wird.

§ 272a. **Kann eine Partei in der mündlichen Verhandlung auf eine Behauptung des Gegners eine Erklärung nicht abgeben, weil ihr die Behauptung nicht rechtzeitig vor dem Termine mitgeteilt ist, so kann auf ihren Antrag das Gericht eine Frist bestimmen, innerhalb deren sie die Erklärung in einem Schriftsatz nachbringen kann, und gleichzeitig einen Termin zur Verkündung seiner Entscheidung anberaumen, der auch über eine Woche hinaus angesetzt werden kann. Wird bis zu dem Termine die Zustellung des Schriftsatzes an den Gegner nachgewiesen und eine Abschrift von ihm dem Gericht eingereicht, so ist sein Inhalt bei der Entscheidung zu berücksichtigen; wird der Schriftsatz bis zu dem Termine nicht eingereicht, so gilt die Behauptung des Gegners als nicht bestritten.**

23. Hinter dem neuen § 272a ist der bisher nur für das Amtsgerichtsverfahren geltende, allerdings durch den jetzt gestrichenen (s. Abschnitt IV Nr. 5) § 23 der Entl.-VO. v. 9./9. 15 gemäß Art. I Nr. 2 VO. zur Beschleunigung des Verfahrens in bürgerlichen Rechtsstreitigkeiten v. 22./12. 23 (s. Abschnitt I C e) auch schon auf das Verfahren vor den Landgerichten und Oberlandesgerichten ausgedehnte § 501:

„Das Gericht kann Anordnungen, die nach der Klageschrift oder den vorbereitenden Schriftsätzen zur Aufklärung des Sachverhältnisses dienlich erscheinen, schon vor der mündlichen Verhandlung treffen. Das Gericht kann insbesondere:

1. den Parteien die Vorlegung der in ihren Händen befindlichen Urkunden, auf welche sie sich bezogen haben, sowie die Vorlegung von Stammbäumen, Plänen, Rissen und sonstigen Zeichnungen aufgeben;
2. öffentliche Behörden oder öffentliche Beamte um Mitteilung von Urkunden, auf welche eine Partei sich bezogen hat, ersuchen;
3. amtliche Auskünfte von öffentlichen Behörden oder öffentlichen Beamten einziehen;
4. Zeugen, auf welche eine Partei sich bezogen hat, sowie Sachverständige zur mündlichen Verhandlung laden;
5. das persönliche Erscheinen der Parteien anordnen;
6. die Einnahme des Augenscheins sowie die Begutachtung durch Sachverständige anordnen.

Bevor eine mündliche Verhandlung stattgefunden hat, in der von beiden Parteien einander widersprechende Anträge gestellt worden sind, soll eine Anordnung der unter Nr. 4 bis 6 bezeichneten Art nur ergehen, wenn der Beklagte in einem vorbereitenden Schriftsatze dem Klagantrage widersprochen hat.

Die Parteien sind von der Anordnung zu benachrichtigen. Wird das persönliche Erscheinen der Parteien angeordnet, so finden die Vorschriften des § 141 Abs. 2 Anwendung."

in anderer Fassung als § 272 b getreten, wonach nun auch im Landgerichtsprozeß vor der mündlichen Verhandlung alle zur Aufklärung dienlichen und die Erledigung des Rechtsstreits tunlichst in einem Termin ermöglichenden Anordnungen, insbesondere die in Abs. 2 Nr. 1—5 bezeichneten, vom Gericht getroffen werden können. Zu bemerken ist, daß unter Anordnung des persönlichen Erscheinens die im § 141 Abs. 1 gemeinte zu verstehen ist. Daher findet auch die Ausnahme des neuen Halbs. 2 dort Anwendung, wiewohl im § 272 b Abs. 4 S. 3 nicht auch Abs. 1 § 141 zitiert ist.

§ 272 b. **Der Vorsitzende oder ein von ihm zu bestimmendes Mitglied des Prozeßgerichts hat schon vor der mündlichen Verhandlung alle Anordnungen zu treffen, die angebracht erscheinen, damit der Rechtsstreit tunlichst in einer mündlichen Verhandlung erledigt wird.**

Zu diesem Zwecke kann er insbesondere:

1. den Parteien **die Ergänzung oder Erläuterung ihrer vorbereitenden Schriftsätze sowie** die Vorlegung von Urkunden, Stammbäumen, Plänen, Rissen und Zeichnungen aufgeben;
2. Behörden oder Beamte um Mitteilung von Urkunden **oder** um Erteilung einer amtlichen Auskunft ersuchen;
3. das persönliche Erscheinen der Parteien anordnen; —
4. Zeugen, auf welche eine Partei sich bezogen hat, zur mündlichen Verhandlung laden **oder von ihnen nach Maßgabe der Vorschriften des § 377 Abs. 3 bis 5 schriftliche Auskünfte einholen;**
5. die Einnahme des Augenscheins sowie die Begutachtung durch Sachverständige anordnen **und ausführen** oder Sachverständige zur mündlichen Verhandlung laden.

Anordnungen der unter 4 **und** 5 bezeichneten Art sollen nur ergehen, wenn der Beklagte dem Klageanspruch bereits widersprochen hat. **Erfordert die Ausführung der Anordnung die Abhaltung eines Termins,** so

ist dieser tunlichst mit dem Termine zur mündlichen Verhandlung zu verbinden.

Die Parteien sind von jeder Anordnung zu benachrichtigen. **Die Benachrichtigung kann unterbleiben, wenn es nach dem Ermessen des Vorsitzenden oder des von ihm beauftragten Mitglieds für die Wahrnehmung der Rechte der Parteien nicht wesentlich ist, daß sie vor dem Termine zur mündlichen Verhandlung von der Anordnung Kenntnis erhalten.** Wird das persönliche Erscheinen der Parteien angeordnet, so finden die Vorschriften des § 141 Abs. 2, 3 Anwendung.

24. Im § 275 Abs. 1 sind die Worte „wenn der Beklagte auf Grund derselben die Verhandlung zur Hauptsache verweigert oder" gestrichen. Danach darf der Beklagte, wie bisher im Amtsgerichtsprozeß nach § 504 Abs. 3, der jetzt gestrichen ist (s. Nr. 64), nun auch im Landgerichtsprozeß die Verhandlung zur Hauptsache nicht auf Grund prozeßhindernder Einreden verweigern, und steht es in allen Fällen im Ermessen des Gerichts, ob abgesonderte Verhandlung über die Einreden stattfinden oder sofort auch zur Hauptsache verhandelt werden soll.

§ 275. Über prozeßhindernde Einreden ist besonders zu verhandeln und durch Urteil zu entscheiden, **wenn das Gericht** auf Antrag oder von Amts wegen die abgesonderte Verhandlung anordnet.

Das Urteil, durch welches die prozeßhindernde Einrede verworfen wird, ist in betreff der Rechtsmittel als Endurteil anzusehen; das Gericht kann jedoch auf Antrag anordnen, daß zur Hauptsache zu verhandeln sei.

25. § 276: „Wird die Unzuständigkeit des Gerichts auf Grund der Bestimmungen über die sachliche Zuständigkeit der Gerichte ausgesprochen, so ist zugleich auf Antrag des Klägers der Rechtsstreit an ein bestimmtes Amtsgericht des Bezirks zu verweisen.

Ist das Urteil rechtskräftig, so gilt der Rechtsstreit als bei dem Amtsgerichte anhängig" hat eine andere Fassung erhalten. Diese stimmt wörtlich überein mit dem bisher nur für den Amtsgerichtsprozeß geltenden, jetzt gestrichenen § 505 (s. Nr. 64), so daß die Vorschrift nun auch im Landgerichtsprozeß Anwendung findet.

§ 276. Ist auf Grund der Bestimmungen über die **örtliche oder** sachliche Zuständigkeit der Gerichte die Unzuständigkeit des Gerichts auszusprechen, so **hat das angegangene Gericht, sofern das zuständige Gericht bestimmt werden kann,** auf Antrag des Klägers **durch Beschluß sich für unzuständig zu erklären und den Rechtsstreit an das zuständige Gericht zu verweisen. Sind mehrere Gerichte zuständig, so erfolgt die Verweisung an das vom Kläger gewählte Gericht.**

Eine Anfechtung des Beschlusses findet nicht statt; mit der Verkündung des Beschlusses gilt der Rechtsstreit als bei dem im Beschlusse bezeichneten Gericht anhängig. Der Beschluß ist für dieses Gericht bindend.

Die im Verfahren vor dem angegangenen Gericht erwachsenen Kosten werden als Teil der Kosten behandelt, welche bei dem im Beschlusse bezeichneten Gericht erwachsen. Dem Kläger sind die entstandenen Mehrkosten auch dann aufzuerlegen, wenn er in der Hauptsache obsiegt.

26. § 277: „Nach Erledigung der prozeßhindernden Einreden kann das Gericht in Prozessen, welche die Richtigkeit einer Rechnung, eine Vermögensauseinandersetzung oder ähnliche Verhältnisse zum Gegenstande haben, unter Vertagung der mündlichen Verhandlung ein vorbereitendes Verfahren anordnen" ist gestrichen. Die Vorschriften über vorbereitendes Verfahren (§§ 348—354) sind fortgefallen (s. Nr. 43).

27. Im § 278 Abs. 2 ist an die Stelle des Wortes „kann" das Wort „hat" und an die Stelle des Wortes „auferlegen" das Wort „aufzuerlegen" getreten, so daß aus der bisherigen „Kann"-Vorschrift bezüglich der Auferlegung von Kosten für nachgebrachte, verzögernde Angriffs- oder Verteidigungsmittel eine „Muß"-Vorschrift geworden ist.

§ 278. Angriffs- und Verteidigungsmittel (Einreden, Widerklage, Repliken usw.) können bis zum Schlusse derjenigen mündlichen Verhandlung, auf welche das Urteil ergeht, geltend gemacht werden.

Das Gericht hat, wenn durch das nachträgliche Vorbringen eines Angriffs- oder Verteidigungsmittels die Erledigung des Rechtsstreits verzögert wird, der obsiegenden Partei, welche nach freier richterlicher Überzeugung imstande war, das Angriffs- oder Verteidigungsmittel zeitiger geltend zu machen, die Prozeßkosten ganz oder teilweise aufzuerlegen.

28. § 279: „Verteidigungsmittel, welche von dem Beklagten nachträglich vorgebracht werden, können auf Antrag zurückgewiesen werden, wenn durch deren Zulassung die Erledigung des Rechtsstreits verzögert werden würde, und das Gericht die Überzeugung gewinnt, daß der Beklagte in der Absicht, den Prozeß zu verschleppen, oder aus grober Nachlässigkeit die Verteidigungsmittel nicht früher vorgebracht hat" hat eine andere Fassung erhalten, wonach die Zurückweisungsbefugnis des Gerichts (bei der „Kann"-Vorschrift ist es, anders wie im § 278, s. Nr. 27, hier verblieben) auch auf Angriffsmittel erstreckt und das Antragserfordernis beseitigt ist.

§ 279. Angriffs- oder Verteidigungsmittel, die von einer Partei nachträglich vorgebracht werden, können zurückgewiesen werden, wenn durch deren Zulassung die Erledigung des Rechtsstreits verzögert werden würde und nach der freien Überzeugung des Gerichts die Partei in der Absicht, den Prozeß zu verschleppen, oder aus grober Nachlässigkeit das Angriffs- oder Verteidigungsmittel nicht früher vorgebracht hat.

29. Hinter § 279 ist folgende Vorschrift eingestellt, wonach eine erst nach Ablauf der zur aufklärenden Äußerung gestellten Frist abgegebene Erklärung für die Instanz unberücksichtigt bleiben kann.

§ 279 a. Erachtet das Gericht bestimmte Punkte für aufklärungsbedürftig, so soll es den Parteien aufgeben, sich innerhalb bestimmter Frist über die streitigen Punkte zu erklären. Wird einer solchen Anordnung nicht Folge geleistet, so kann die Erklärung, wenn sie später nachgeholt wird, für die Instanz unberücksichtigt bleiben, wenn die Partei die Verspätung nicht genügend entschuldigt.

30. § 283 Abs. 2: „Auf das nachträgliche Vorbringen von Beweismitteln und Beweiseinreden findet die Vorschrift des § 278 Abs. 2 entsprechende Anwendung." hat eine andere Fassung erhalten, wonach die nunmehrige „Muß"-Vorschrift bezüglich der Kostenauferlegung im § 278 Abs. 2 (s. Nr. 27) sowie die dem Gericht in den §§ 279, 279a (s. Nr. 28, 29) gewährte Zurückweisungsbefugnis auch auf nachgebrachte Beweismittel und Beweiseinreden erstreckt ist. Die Sondervorschriften §§ 374, 433 (nachträglicher Zeugen-, Urkundenbeweis) sind gestrichen (s. Nr. 47, 52).

§ 283. Beweismittel und Beweiseinreden können bis zum Schlusse derjenigen mündlichen Verhandlung, auf welche das Urteil ergeht, geltend gemacht werden.

Auf das nachträgliche Vorbringen von Beweismitteln und Beweiseinreden finden die Vorschriften des § 278 Abs. 2 und der §§ 279, 279a entsprechende Anwendung.

31. § 287 Abs. 2: „Die Vorschriften über den Schätzungseid werden aufgehoben" ist gestrichen und an seiner Stelle ein neuer Abs. 2 eingestellt, wonach auch in anderen Fällen, als denen der Feststellung der Entstehung und der Höhe eines Schadens, dem Gericht die Ermessensfreiheit gewährt wird über die Höhe einer Forderung, wenn die Schwierigkeit vollständiger Aufklärung in keinem Verhältnisse zu der Bedeutung des streitigen Forderungsteiles steht.

§ 287. Ist unter den Parteien streitig, ob ein Schaden entstanden sei und wie hoch sich der Schaden oder ein zu ersetzendes Interesse belaufe, so entscheidet hierüber das Gericht unter Würdigung aller Umstände nach freier Überzeugung. Ob und inwieweit eine beantragte Beweisaufnahme oder von Amts wegen die Begutachtung durch Sachverständige anzuordnen sei, bleibt dem Ermessen des Gerichts überlassen. Das Gericht kann anordnen, daß der Beweisführer den Schaden oder das Interesse eidlich schätze. In diesem Falle hat das Gericht zugleich den Betrag zu bestimmen, welchen die eidliche Schätzung nicht übersteigen darf.

Die Vorschriften des Abs. 1 Satz 1, 2 finden bei vermögensrechtlichen Streitigkeiten auch in anderen Fällen entsprechende Anwendung, soweit unter den Parteien die Höhe einer Forderung streitig ist und die vollständige Aufklärung aller hierfür maßgebenden Umstände mit Schwierigkeiten verbunden ist, die zu der Bedeutung des streitigen Teiles der Forderung in keinem Verhältnisse stehen.

32. § 303: „Ist ein einzelnes selbständiges Angriffs- oder Verteidigungsmittel oder ein Zwischenstreit zur Entscheidung reif, so kann die Entscheidung durch Zwischenurteil erfolgen." hat eine andere Fassung erhalten, indem die Worte „ein einzelnes selbständiges Angriffs- oder Verteidigungsmittel oder" gestrichen sind, so daß die bisher dem Gerichte gegebene Möglichkeit, hierüber durch Zwischenurteil zu entscheiden, fortgefallen ist.

§ 303. Ist **ein Zwischenstreit** zur Entscheidung reif, so kann die Entscheidung durch Zwischenurteil erfolgen.

33. § 313 Abs. 2: „Bei der Darstellung des Tatbestandes ist eine Bezugnahme auf den Inhalt der vorbereitenden Schriftsätze und auf die zum Sitzungsprotokoll erfolgten Feststellungen nicht ausgeschlossen." hat eine andere Fassung erhalten, wonach die genannte Bezugnahme als Ersatz für die Darstellung des Tatbestandes nur zulässig ist, soweit aus den bezeichneten Urkunden sich der Sach- und Streitstand richtig und vollständig ergibt (entsprechend dem jetzt gestrichenen [s. Abschnitt IV Nr. 5] § 24 EntlVO. v. 9./9. 15), und jedenfalls der Klaganspruch genügend zu kennzeichnen und die Angriffs- oder Verteidigungsmittel dagegen ihrem Wesen nach hervorzuheben sind.

§ 313. Das Urteil enthält:

1. die Bezeichnung der Parteien, ihrer gesetzlichen Vertreter und der Prozeßbevollmächtigten nach Namen, Stand oder Gewerbe, Wohnort und Parteistellung;
2. die Bezeichnung des Gerichts und die Namen der Richter, welche bei der Entscheidung mitgewirkt haben;
3. eine gedrängte Darstellung des Sach- und Streitstandes auf Grund-

lage der mündlichen Vorträge der Parteien unter Hervorhebung der gestellten Anträge (Tatbestand);

4. die Entscheidungsgründe;
5. die von der Darstellung des Tatbestandes und der Entscheidungsgründe äußerlich zu sondernde Urteilsformel.

Die Darstellung des Tatbestandes kann durch eine Bezugnahme auf den Inhalt der vorbereitenden Schriftsätze und auf die zum Sitzungsprotokoll erfolgten Feststellungen **ersetzt werden, soweit sich aus ihnen der Sach- und Streitstand richtig und vollständig ergibt. In jedem Falle sind jedoch die erhobenen Ansprüche genügend zu kennzeichnen und die dazu vorgebrachten Angriffs- und Verteidigungsmittel ihrem Wesen nach hervorzuheben.**

Wird durch Versäumnisurteil oder Anerkenntnisurteil nach dem Antrage des Klägers erkannt, so kann das Urteil in abgekürzter Form auf die bei den Akten befindliche Urschrift oder Abschrift der Klage oder auf ein damit zu verbindendes Blatt gesetzt werden. In diesem Falle ist das Urteil als Versäumnisurteil oder Anerkenntnisurteil zu bezeichnen. Des Tatbestandes, der Entscheidungsgründe und der Bezeichnung der mitwirkenden Richter bedarf es nicht. Der Bezeichnung der Parteien, ihrer gesetzlichen Vertreter und der Prozeßbevollmächtigten bedarf es nur insoweit, als von den Angaben der Klageschrift abgewichen wird. In der Urteilsformel kann auf die Klageschrift Bezug genommen werden. Wird das Urteil auf ein Blatt gesetzt, das mit der Klageschrift verbunden wird, so soll die Verbindungsstelle mit dem Gerichtssiegel versehen oder die Verbindung mit Schnur und Siegel bewirkt werden.

34. § 315 Abs. 2: „Ein Urteil, welches bei der Verkündung noch nicht in vollständiger Form abgefaßt war, ist vor Ablauf einer Woche, vom Tage der Verkündung an gerechnet, in vollständiger Abfassung dem Gerichtsschreiber zu übergeben." hat einen Zusatz erhalten. Danach kann, wenn ein vollständiges Urteil wegen großen Umfangs innerhalb einer Woche nicht abgesetzt werden kann, ein nur die Urteilsformel enthaltendes, von den Richtern unterschriebenes Urteil dem Gerichtsschreiber übergeben werden. Ein solches abgekürztes Urteil kann auch, wenngleich ein vollständiges Urteil, dessen Anfertigung alsbald nachzuholen ist, noch nicht vorliegt, nach § 317 Abs. 2 in neuer Fassung (s. Nr. 36) sogleich ausgefertigt werden, so daß es zur Vollstreckung gebracht werden kann.

§ 315. Das Urteil ist von den Richtern, welche bei der Entscheidung mitgewirkt haben, zu unterschreiben. Ist ein Richter verhindert, seine Unterschrift beizufügen, so wird dies unter Angabe des Verhinderungsgrundes von dem Vorsitzenden und bei dessen Verhinderung von dem ältesten beisitzenden Richter unter dem Urteile bemerkt.

Ein Urteil, welches bei der Verkündung noch nicht in vollständiger Form abgefaßt war, ist vor Ablauf einer Woche vom Tage der Verkündung an gerechnet, in vollständiger Abfassung dem Gerichtsschreiber zu übergeben. **Kann dies ausnahmsweise nicht geschehen, so ist innerhalb der Woche das von den Richtern unterschriebene Urteil unter Weglassung des Tatbestandes und der Entscheidungsgründe dem Gerichtsschreiber zu übergeben. In diesem Falle sind Tatbestand und Entscheidungs-**

gründe alsbald nachträglich anzufertigen, von den Richtern besonders zu unterschreiben und dem Gerichtsschreiber zu übergeben.

Der Gerichtsschreiber hat auf dem Urteile den Tag der Verkündung zu bemerken und diese Bemerkung zu unterschreiben.

35. § 316: „Der Gerichtsschreiber hat die verkündeten und unterschriebenen Urteile in ein Verzeichnis zu bringen. Das Verzeichnis wird an bestimmten, von dem Vorsitzenden im voraus festzusetzenden Wochentagen mindestens auf die Dauer einer Woche in der Gerichtsschreiberei ausgehängt.

Der Gerichtsschreiber hat auf dem Urteile den Tag des Aushangs zu bemerken und diese Bemerkung zu unterschreiben", ist gestrichen, so daß das Urteilsverzeichnis fortfällt, entsprechend dem jetzt gestrichenen (s. Abschnitt IV Nr. 5) § 25 EntlVO. v. 9./9. 1915.

36. § 317 Abs. 2 hat einen Zusatz erhalten, der, entsprechend der bisher nur für das Amtsgerichtsverfahren gegebenen Bestimmung in dem jetzt gestrichenen (s. Nr. 57) § 496 Abs. 6, die durch den jetzt ebenfalls gestrichenen (s. Abschnitt IV Nr. 5) § 26 EntlVO. v. 9./9. 1915 auf landgerichtliche Urteile ausgedehnt worden war, mangels anderen Antrags die Ausfertigung des Urteils in abgekürzter Form vorschreibt und die Zustellung einer solchen Ausfertigung, soweit nicht ein anderes bestimmt ist (s. § 320 Abs. 2, § 552 unter Nr. 37, 83), in den Wirkungen gleichstellt der Zustellung einer Ausfertigung des vollständigen Urteils. Auch die Ausfertigung des abgekürzten Urteils darf erst nach Unterzeichnung des Urteils erteilt werden (§ 317 Abs. 2). Nach § 315 Abs. 2 Satz 2 (s. Nr. 34) genügt aber die Unterzeichnung eines abgekürzten Urteils.

§ 317. Die Zustellung der Urteile erfolgt auf Betreiben der Parteien.

Solange das Urteil nicht verkündet und nicht unterschrieben ist, dürfen Ausfertigungen, Auszüge und Abschriften desselben nicht erteilt werden. **Die Ausfertigung der Urteile erfolgt, sofern nicht von der Partei ein anderes beantragt wird, unter Weglassung des Tatbestandes und der Entscheidungsgründe. Die Zustellung einer solchen Ausfertigung steht, soweit nicht ein anderes bestimmt ist, in den Wirkungen der Zustellnng eines vollständigen Urteils gleich.**

Die Ausfertigungen und Auszüge der Urteile sind von dem Gerichtsschreiber zu unterschreiben und mit dem Gerichtssiegel zu versehen.

Ist das Urteil nach § 313 Abs. 3 in abgekürzter Form hergestellt, so erfolgt die Ausfertigung in gleicher Weise unter Benutzung einer beglaubigten Abschrift der Klageschrift oder in der Weise, daß das Urteil durch Aufnahme der im § 313 Abs. 1 Nr. 1, 2, 5 bezeichneten Angaben vervollständigt wird. Die Abschrift der Klageschrift kann durch den Gerichtsschreiber oder durch den Rechtsanwalt des Klägers beglaubigt werden.

37. § 320 Abs. 2: „Die Frist beginnt mit dem Tage des Aushangs des Verzeichnisses, in welches das Urteil eingetragen ist, falls jedoch das Urteil innerhalb zweier Monate seit diesem Tage zugestellt wird, mit der Zustellung des Urteils. Der Antrag kann schon vor dem Beginne der Frist gestellt werden." hat eine andere Fassung erhalten, wonach, entsprechend dem jetzt gestrichenen (s. Abschnitt IV Nr. 5) § 25 EntlVO. v. 9./9. 1915, die Frist für den Antrag auf Tatbestandsberichtigung nun nicht mit Aushang des (fortgefallenen, s. Nr. 35) Urteilsverzeichnisses, sondern mit Zustellung des vollständigen (s. Nr. 36) Urteils beginnt und der Antrag nur binnen 3 Monaten seit Urteilsverkündung zulässig ist.

§ 320. Enthält der Tatbestand des Urteils Unrichtigkeiten, welche nicht unter die Bestimmung des vorstehenden Paragraphen fallen, Auslassungen, Dunkelheiten oder Widersprüche, so kann die Berichtigung binnen einer einwöchigen Frist durch Zustellung eines Schriftsatzes beantragt werden.

Die Frist beginnt **mit der Zustellung des in vollständiger Form abgefaßten Urteils.** Der Antrag kann schon vor dem Beginne der Frist gestellt werden. **Die Berichtigung des Tatbestandes ist ausgeschlossen, wenn sie nicht binnen drei Monaten seit der Verkündung des Urteils beantragt wird.**

Der Schriftsatz muß den Antrag auf Berichtigung und die Ladung des Gegners zur mündlichen Verhandlung enthalten.

Das Gericht entscheidet ohne vorgängige Beweisaufnahme. Bei der Entscheidung wirken nur diejenigen Richter mit, welche bei dem Urteil mitgewirkt haben. Ist ein Richter verhindert, so gibt bei Stimmengleichheit die Stimme des Vorsitzenden und bei dessen Verhinderung die Stimme des ältesten Richters den Ausschlag. Eine Anfechtung des Beschlusses findet nicht statt. Der Beschluß, welcher eine Berichtigung ausspricht, wird auf dem Urteil und den Ausfertigungen bemerkt.

Die Berichtigung des Tatbestandes hat eine Änderung des übrigen Teils des Urteils nicht zur Folge.

38. Im § 323 Abs. 4 sind an die Stelle der Worte „§ 794 Nr. 1, 2 und 5" die Worte „§ 794 Nr. 1 und 5 getreten, weil die bisherige Nr. 2 des § 794 fortgefallen ist (s. Nr. 104).

§ 323. Tritt im Falle der Verurteilung zu künftig fällig werdenden wiederkehrenden Leistungen eine wesentliche Änderung derjenigen Verhältnisse ein, welche für die Verurteilung zur Entrichtung der Leistungen, für die Bestimmung der Höhe der Leistungen oder der Dauer ihrer Entrichtung maßgebend waren, so ist jeder Teil berechtigt, im Wege der Klage eine entsprechende Abänderung des Urteils zu verlangen.

Die Klage ist nur insoweit zulässig, als die Gründe, auf welche sie gestützt wird, erst nach dem Schlusse der mündlichen Verhandlung, in der eine Erweiterung des Klagantrags oder die Geltendmachung von Einwendungen spätestens hätte erfolgen müssen, entstanden sind und durch Einspruch nicht mehr geltend gemacht werden können.

Die Abänderung des Urteils darf nur für die Zeit nach Erhebung der Klage erfolgen.

Die vorstehenden Bestimmungen finden entsprechende Anwendung auf die Schuldtitel des § 794 **Nr. 1 und** 5, soweit darin Leistungen der im Abs. 1 bezeichneten Art übernommen worden sind.

39. Hinter § 331 ist ein neuer § 331a eingestellt. Danach kann die allein erschienene Partei statt eines Versäumnisurteils eine Entscheidung nach Lage der Akten beantragen. Dann finden die Bestimmungen des § 251a Satz 2—4 (s. Nr. 18) über die Erlassung einer solchen Entscheidung, wenn beide Parteien nicht erschienen sind oder die allein erschienene Partei keine Anträge zur Sache stellt, entsprechende Anwendung. Es muß also, wenn nicht etwa ein Beweisbeschluß, sondern ein Urteil erlassen werden soll, auch hier ein Verkündungstermin anberaumt werden, der hinfällig wird, wenn die nicht erschienene Partei ihr Ausbleiben glaubhaft entschuldigt, und es kann auch hier ein Urteil nur dann erlassen werden, wenn beide Parteien in einem früheren Termin bereits streitig verhandelt haben, so daß die Ergebnisse dieser Verhandlung bei der Entscheidung zu berücksichtigen sind. Wie in Nr. 18 bemerkt, gilt die Fiktion des Zugeständnisses wie beim Versäumnisurteil nicht. Während jedoch im Falle des § 251 a die Erlassung einer solchen Entscheidung im freien Ermessen des Gerichts steht, muß sie hier auf den gestellten Antrag erfolgen, wenn der Sachverhalt hinreichend geklärt ist.

§ 331 a. Beim Ausbleiben einer Partei im Termine zur mündlichen Verhandlung kann der Gegner statt eines Versäumnisurteils eine Entscheidung nach Lage der Akten beantragen; dem Antrag ist zu entsprechen, wenn der Sachverhalt für eine derartige Entscheidung hinreichend geklärt erscheint. Die Vorschriften des § 251 a Satz 2 bis 4 finden entsprechende Anwendung.

40. Im § 335 Abs. 1: „Der Antrag auf Erlassung eines Versäumnisurteils ist zurückzuweisen, unbeschadet des Rechts der erschienenen Partei, die Vertagung der mündlichen Verhandlung zu beantragen:" hat der erste Halbsatz eine Einfügung erhalten mit Rücksicht auf die neue Vorschrift des § 331 a (s. Nr. 39), wonach die allein erschienene Partei statt eines Versäumnisurteils eine Entscheidung nach Lage der Akten beantragen kann, und ist der letzte Halbsatz gestrichen, wodurch das unbedingte Vertagungsrecht der Partei beseitigt ist.

§ 335. Der Antrag auf Erlassung eines Versäumnisurteils **oder einer Entscheidung nach Lage der Akten** ist zurückzuweisen:

1. wenn die erschienene Partei die vom Gerichte wegen eines von Amts wegen zu berücksichtigenden Umstandes erforderte Nachweisung nicht zu beschaffen vermag;
2. wenn die nicht erschienene Partei nicht ordnungsmäßig, insbesondere nicht rechtzeitig geladen war;
3. wenn der nicht erschienenen Partei ein tatsächliches mündliches Vorbringen oder ein Antrag nicht rechtzeitig mittels Schriftsatzes mitgeteilt war.

Wird die Verhandlung vertagt, so ist die nichterschienene Partei zu dem neuen Termine zu laden.

41. § 336 hat einen neuen Abs. 2 erhalten, wonach die Ablehnung eines Antrags auf Entscheidung nach Lage der Akten (§ 331 a, s. Nr. 39) unanfechtbar ist.

§ 336. Gegen den Beschluß, durch welchen der Antrag auf Erlassung des Versäumnisurteils zurückgewiesen wird, findet sofortige Beschwerde statt. Wird der Beschluß aufgehoben, so ist die nicht erschienene Partei zu dem neuen Termine nicht zu laden.

Die Ablehnung eines Antrags auf Entscheidung nach Lage der Akten ist unanfechtbar.

42. Im § 337 sind hinter das Wort „Versäumnisurteils" die Worte „oder einer Entscheidung nach Lage der Akten" getreten mit Rücksicht auf die Zulassung einer solchen Entscheidung im § 331 a (s. Nr. 39).

§ 337. Das Gericht kann von Amts wegen die Verhandlung über den Antrag auf Erlassung des Versäumnisurteils **oder einer Entscheidung nach Lage der Akten** vertagen, wenn es dafür hält, daß die von dem Vorsitzenden bestimmte Einlassungs- oder Ladungsfrist zu kurz bemessen, oder daß die Partei durch Naturereignisse oder durch andere unabwendbare Zufälle am Erscheinen verhindert worden sei. Die nicht erschienene Partei ist zu dem neuen Termine zu laden.

43. Der vierte Titel des zweiten Buches: „Vorbereitendes Verfahren in Rechnungssachen, Auseinandersetzungen und ähnlichen Prozessen" (§ 348 bis § 354) ist durch folgende Vorschriften ersetzt:

Verfahren vor dem Einzelrichter.

§ 348. Zur Vorbereitung der Entscheidung des Prozeßgerichts ist jede Sache zunächst vor dem Einzelrichter zu verhandeln, der auch den Termin hierzu bestimmt. Es kann jedoch nach Bestimmung des Vorsitzenden hiervon abgesehen werden, wenn eine Vorbereitung nach den Umständen nicht erforderlich erscheint.

§ 349. Der Einzelrichter hat zunächst die gütliche Beilegung des Rechtsstreits zu versuchen. Kommt ein Vergleich nicht zustande, so hat der Einzelrichter für eine erschöpfende Erörterung des gesamten Sach- und Streitverhältnisses zu sorgen. Er hat zu entscheiden:

1. **über Verweisungen in den Fällen der §§ 103, 104 des Gerichtsverfassungsgesetzes;**
2. **über prozeßhindernde Einreden der im § 274 Abs. 2 Nr. 1, 4 bis 7 bezeichneten Art, soweit über sie besonders verhandelt und entschieden wird;**
3. **bei Zurücknahme der Klage, Verzicht auf den geltend gemachten Anspruch oder Anerkenntnis des Anspruchs;**
4. **bei Versäumnis einer Partei. In diesem Falle kann der Einzelrichter auch eine Entscheidung nach Lage der Akten gemäß § 331a erlassen;**
5. **in den Fällen des § 251a, soweit der Einzelrichter hier die Entscheidung nach Lage der Akten für angezeigt hält.**

Im übrigen hat der Einzelrichter die Sache so weit zu fördern, daß sie tunlichst durch eine Verhandlung vor dem Prozeßgericht erledigt werden kann. Ist eine Beweisaufnahme erforderlich, so kann der Einzelrichter nach seinem Ermessen entweder selbst die Beweise anordnen und erheben oder dies dem Prozeßgerichte vorbehalten. Ist die Sache zur Verhandlung vor dem Prozeßgerichte reif, so wird der Termin hierzu von Amts wegen anberaumt.

Im Einverständnis beider Parteien kann der Einzelrichter bei Streitigkeiten über vermögensrechtliche Ansprüche an Stelle des Prozeßgerichts entscheiden.

§ 350. Einzelrichter im Sinne der §§ 348, 349 ist in Sachen der Zivilkammern der Vorsitzende oder ein von ihm zu bestimmendes Mitglied der Kammer, in Sachen der Kammern für Handelssachen der Vorsitzende.

Für die Anfechtung von Entscheidungen des Einzelrichters gelten dieselben Vorschriften wie für die Anfechtung entsprechender Entscheidungen des Prozeßgerichts.

Danach sind die Vorschriften über das vorbereitende Verfahren beseitigt. Jede Landgerichtssache, auch die vor die Kammer für Handelssachen gehörige, ist zunächst zur Vorbereitung der Entscheidung des Prozeßgerichts vor dem Einzelrichter zu verhandeln, sofern nicht der Vorsitzende eine Vorbereitung nach den Umständen für unnötig erachtet. Der Termin, den der Einzelrichter anberaumt, ist ein Termin zur mündlichen Verhandlung im Sinne der §§ 136 ff., so daß alle hierfür geltenden Grundsätze Anwendung finden, auch, wie hervorzuheben ist, die Vorschriften der §§ 279, 279 a, 283 Abs. 2 (s. Nr. 28, 29, 30) über die Zurückweisung nachträglichen Vorbringens. Der Einzelrichter hat, wenn der Versuch der gütlichen Einigung, den er zuerst vorzunehmen hat, fehlgeschlagen ist, für vollständige Erörterung der Streitsache zu sorgen, so daß der Rechtsstreit vor dem Prozeßgericht tunlichst in einem Termin erledigt werden kann. Er kann auch Beweise erheben, sofern es nicht auf den persönlichen Eindruck für die Entscheidung ankommt. In den im § 349 Abs. 1 Nr. 1—3 bezeichneten Fällen liegt ihm die Entscheidung ob, also: über Verweisung der Klage von der Kammer für Handelssachen an die Zivilkammer und umgekehrt (§§ 103, 104 GVG.); über prozeßhindernde Einreden, soweit über sie gemäß § 275 Abs. 1 in neuer Fassung (s. Nr. 24) besonders verhandelt wird, mit Ausnahme der Einreden der Unzulässigkeit des Rechtswegs und, daß die Entscheidung des Rechtsstreits durch Schiedsrichter zu erfolgen habe (§ 274 Abs. 2 Nr. 2, 3); bei Klagezurücknahme (§ 271), Verzicht auf den Anspruch (§ 306), Anerkenntnis (§ 307). Erscheint eine Partei nicht, so hat er je nach dem Antrag des Gegners entweder Versäumnisurteil (§§ 330, 331) oder eine Entscheidung nach Lage der Akten, sofern dazu die Voraussetzungen nach Maßgabe des § 331 a (s. Nr. 39) vorliegen (insbesondere, wie hervorzuheben ist, ein Urteil nur, wenn die Parteien schon früher vor ihm streitig verhandelt haben), zu erlassen. Ferner kann er, wenn beide Parteien nicht erscheinen oder die allein erschienene Partei keine Anträge stellt, eine Entscheidung nach Lage der Akten gemäß § 251 a (s. Nr. 18) treffen. Auch sonst kann er an Stelle des Prozeßgerichts über den Rechtsstreit entscheiden, jedoch nur, wenn es sich um eine vermögensrechtliche Streitigkeit handelt und beide Parteien damit einverstanden sind. Für die Anfechtung seiner Entscheidungen gelten die nämlichen Vorschriften wie für die Anfechtung solcher Entscheidungen des Prozeßgerichts. — Die Bestimmungen der §§ 348—350 gelten, mit Ausnahme des § 349 Abs. 3 (Entscheidung an Stelle des Prozeßgerichts bei vermögensrechtlichen Streitigkeiten und Einverständnis der Parteien), auch im Berufungsverfahren (s. Nr. 75), nicht dagegen im Revisionsverfahren (s. Nr. 86).

44. Im § 356 sind die Worte „auf Antrag" hinter den Worten „so ist" gestrichen und ferner ist dem Paragraph ein Satz angefügt. Die hiernach erfolgte Beseitigung des Antragserfordernisses und gegebene Möglichkeit, die Frist zur Behebung eines der Beweisaufnahme entgegenstehenden Hindernisses ohne mündliche Verhandlung nunmehr zu bestimmen, dienen der Beschleunigung des Verfahrens.

§ 356. Steht der Aufnahme des Beweises ein Hindernis von ungewisser Dauer entgegen, so ist eine Frist zu bestimmen, nach deren fruchtlosem Ablaufe das Beweismittel nur benutzt werden kann, wenn dadurch das Verfahren nicht verzögert wird. **Die Bestimmung der Frist kann ohne mündliche Verhandlung erfolgen.**

45. § 509 ist als § 357 a hinter § 357 getreten, so daß die bisher nur für den Amtsgerichtsprozeß geltende Vorschrift über die tunlichste Anschließung der Beweisaufnahme sofort an den Beweisbeschluß nun auch für den Landgerichtsprozeß gilt, und hat einen Zusatz erhalten, der die Voraussetzungen für die sofortige Abnahme eines zugeschobenen Eides betrifft.

§ 357 a. Beschließt das Gericht eine Beweiserhebung, so soll die Aufnahme des Beweises, soweit dies tunlich ist, sofort erfolgen, insbesondere sollen Zeugen und Sachverständige, falls sie zur Stelle sind oder ihre unverzügliche Gestellung möglich ist, sofort vernommen werden. **Ein Eid soll im Regelfalle nur dann sofort abgenommen werden, wenn seine Zuschiebung und seine Annahme schon in vorbereitenden Schriftsätzen erklärt waren.**

46. § 360: „Vor Erledigung des Beweisbeschlusses kann von keiner Partei eine Änderung desselben auf Grund der früheren Verhandlungen beantragt werden." ist, ohne eine sachliche Änderung, anders gefaßt und hat drei Sätze hinzugefügt erhalten. Danach kann nun das Gericht ohne nochmalige mündliche Verhandlung einen Beweisbeschluß auf Antrag oder von Amts wegen nach tunlichster Anhörung der Parteien in bestimmten Grenzen ergänzen und berichtigen.

§ 360. Vor der Erledigung des Beweisbeschlusses kann keine Partei dessen Änderung auf Grund der früheren Verhandlungen verlangen. **Das Gericht kann jedoch auf Antrag einer Partei oder von Amts wegen den Beweisbeschluß auch ohne erneute mündliche Verhandlung insoweit ändern, als der Gegner zustimmt oder es sich nur um die Berichtigung oder Ergänzung der im Beschluß angegebenen Beweistatsachen oder um die Vernehmung anderer als der im Beschluß angegebenen Zeugen oder Sachverständigen handelt. Die gleiche Befugnis hat der beauftragte oder ersuchte Richter. Die Parteien sind tunlichst vorher zu hören und in jedem Falle von der Änderung unverzüglich zu benachrichtigen.**

47. § 374, betreffend die Zurückweisung neuer Zeugen nach Erlassung eines Beweisbeschlusses auf Antrag, ist gestrichen. Vgl. hierzu § 283 Abs. 2 in der unter Nr. 30 angegebenen neuen Fassung.

48. § 377 Abs. 1 hat einen Zusatz erhalten, wonach Zeugen und Sachverständige (§ 402) durch einfache Benachrichtigung geladen werden können. Ferner sind dem Paragraphen neue Abs. 3, 4 hinzugefügt, nach denen das Gericht unter bestimmten Voraussetzungen von Zeugen statt ihrer förmlichen Vernehmung eine eidesstattlich zu versichernde schriftliche Beantwortung der Beweisfrage erfordern kann.

§ 377. Die Ladung der Zeugen ist von dem Gerichtsschreiber unter Bezugnahme auf den Beweisbeschluß auszufertigen und von Amts wegen zuzustellen. **Das Gericht kann statt der Zustellung eine andere Form der Benachrichtigung anordnen.**

Die Ladung muß enthalten:

1. die Bezeichnung der Parteien;
2. den Gegenstand der Vernehmung;
3. die Anweisung, zur Ablegung des Zeugnisses bei Vermeidung der durch das Gesetz angedrohten Strafen in dem nach Zeit und Ort zu bezeichnenden Termine zu erscheinen.

Bildet den Gegenstand der Vernehmung eine Auskunft, die der Zeuge voraussichtlich an der Hand seiner Bücher oder anderer Aufzeichnungen zu geben hat, so kann das Gericht anordnen, daß der Zeuge zum Termine nicht zu erscheinen braucht, wenn er vorher eine schriftliche Beantwortung der Beweisfrage unter eidesstattlicher Versicherung ihrer Richtigkeit einreicht.

Das gleiche kann auch in anderen Fällen geschehen, sofern das Gericht nach Lage der Sache, insbesondere mit Rücksicht auf den Inhalt der Beweisfrage, eine schriftliche Erklärung des Zeugen für ausreichend erachtet und die Parteien damit einverstanden sind.

49. § 401 hat einen neuen Abs. 2 erhalten mit Rücksicht auf die neuen Vorschriften § 377 Abs. 3, 4 (s. Nr. 48).

§ 401. Jeder Zeuge hat nach Maßgabe der Gebührenordnung auf Entschädigung für Zeitversäumnis und, wenn sein Erscheinen eine Reise erforderlich macht, auf Erstattung der Kosten Anspruch, welche durch die Reise und den Aufenthalt am Orte der Vernehmung verursacht werden.

Bei schriftlicher Beantwortung der Beweisfrage (§ 377 Abs. 3, 4) hat der Zeuge Anspruch auf Erstattung der ihm durch die Beantwortung entstandenen Auslagen.

50. § 410 Abs. 2 hat einen Zusatz erhalten, wonach dem Sachverständigen die Berufung auf den von ihm allgemein geleisteten Eid auch in einem schriftlichen Gutachten mit Wirksamkeit gestattet ist.

§ 410. Die Beeidigung des Sachverständigen erfolgt vor oder nach Erstattung des Gutachtens. Die Eidesnorm geht dahin, daß der Sachverständige das von ihm erforderte Gutachten unparteiisch und nach bestem Wissen und Gewissen erstatten werde oder erstattet habe.

Ist der Sachverständige für die Erstattung von Gutachten der betreffenden Art im allgemeinen beeidigt, so genügt die Berufung auf den geleisteten Eid; **sie kann auch in einem schriftlichen Gutachten erklärt werden.**

51. Im § 411 ist dem Abs. 1 hinzugefügt: „Das Gericht kann ihm hierzu eine Frist bestimmen", und ist ferner hinter dem Abs. 1 ein neuer Absatz eingefügt, so daß der bisherige Abs. 2 zum Abs. 3 geworden ist. Danach kann zur Beschleunigung des Verfahrens einem zur Erstattung des Gutachtens verpflichteten (s. § 407) Sachverständigen bei Nachlässigkeit eine Frist zur Einreichung des Gutachtens gesetzt und bei Nichteinhaltung der Frist eine Geldstrafe auferlegt werden.

§ 411. Wird schriftliche Begutachtung angeordnet, so hat der Sachverständige das von ihm unterschriebene Gutachten auf der Gerichtsschreiberei niederzulegen. **Das Gericht kann ihm hierzu eine Frist bestimmen.**

Versäumt ein zur Erstattung des Gutachtens verpflichteter Sachverständiger die Frist, so kann er zu einer Geldstrafe verurteilt werden. Der Straffestsetzung muß eine Strafandrohung unter Setzung einer Nachfrist vorausgehen. Im Falle wiederholter Fristversäumnis kann in der gleichen Weise noch einmal eine Geldstrafe erkannt werden. Auf die Höhe der Strafen und die Anfechtung ihrer Festsetzung finden die Vorschriften des § 409 entsprechende Anwendung.

Das Gericht kann das Erscheinen des Sachverständigen anordnen, damit derselbe das schriftliche Gutachten erläutere.

52. § 433, betreffend Zurückweisung der Antretung eines Urkundenbeweises nach Erlassung eines Beweisbeschlusses auf Antrag, ist gestrichen. Vgl. § 283 Abs. 2 in der neuen Fassung unter Nr. 30.

53. Im § 461 ist Abs. 2 Satz 1 in den Abs. 1 eingefügt mit Ausnahme der Worte „oder auf dieselbe durch bedingtes Zwischenurteil erkannt werden". Letztere Worte sowie Abs. 2 Satz 2: „In dem letzteren Falle erfolgt die Eidesleistung nur dann, wenn durch bedingtes Endurteil rechtskräftig erkannt ist, daß es auf dieselbe für die Endentscheidung des Rechtsstreits noch ankomme" sind gestrichen. Ferner ist ein anderer Abs. 2 eingestellt. Die Streichungen beruhen darauf, daß nach § 303 in der neuen Fassung (s. Nr. 32) ein Zwischenurteil über ein einzelnes selbständiges Angriffs- oder Verteidigungsmittel nicht mehr erlassen werden kann. Nach dem neuen Abs. 2

ist nun die Auferlegung des Eides durch Beweisbeschluß unbeschränkt zulässig, wenn ein bedingtes Endurteil, das gemäß § 460 über den Eid erlassen wäre, mit einem Rechtsmittel unzweifelhaft (z. B. wegen Fehlens der Berufungssumme, s. Nr. 67, oder der Revisionssumme) nicht anfechtbar sein würde.

§ 461. Sind die Parteien über die Erheblichkeit und die Norm des Eides einverstanden oder dient der Eid zur Erledigung eines Zwischenstreits oder hängt die Entscheidung über einzelne selbständige Angriffs- und Verteidigungsmittel von der Leistung eines Eides ab, so kann die Leistung des Eides **durch Beweisbeschluß angeordnet werden.**

Das gleiche gilt, wenn die Voraussetzungen für die Anfechtung eines nach § 460 zu erlassenden Endurteils unzweifelhaft nicht gegeben sind.

54. § 485: „Die Einnahme des Augenscheins und die Vernehmung von Zeugen und Sachverständigen kann zur Sicherung des Beweises erfolgen, wenn zu besorgen ist, daß das Beweismittel verloren oder die Benutzung desselben erschwert werde" hat eine andere Fassung erhalten. Danach ist die Zulässigkeit der Beweissicherung erweitert, insbesondere ist (unter Streichung der §§ 488, 489, s. Nr. 55) der Antrag auf Beweissicherung in allen Fällen für zulässig erklärt, in denen der gegenwärtige Zustand einer Sache festgestellt werden soll und der Antragsteller ein rechtliches Interesse an dieser Feststellung hat.

§ 485. **Auf Gesuch einer Partei** kann die Einnahme des Augenscheins und die Vernehmung von Zeugen und Sachverständigen zur Sicherung des Beweises **angeordnet werden. Der Antrag ist nur zulässig, wenn der Gegner zustimmt oder zu besorgen ist, daß das Beweismittel verloren oder die Benutzung desselben erschwert werde, oder wenn der gegenwärtige Zustand einer Sache festgestellt werden soll und der Antragsteller ein rechtliches Interesse an dieser Feststellung hat.**

55. Die §§ 488, 489, betreffend die Fälle, in denen auch ohne die Voraussetzungen des § 485 Beweisaufnahme zur Sicherung angeordnet werden konnte, sind gestrichen, da sie durch § 485 in der neuen Fassung (s. Nr. 53) ersetzt sind.

56. Hinter § 495 ist folgende Vorschrift eingestellt:

§ 495a. Der Erhebung der Klage muß ein Güteverfahren vorangehen. Dies gilt nicht,

1. **wenn wegen des Anspruchs innerhalb des letzten Jahres vor einer durch die Landesjustizverwaltung eingerichteten oder anerkannten Gütestelle ein Ausgleich unter den Parteien erfolglos versucht worden ist;**
2. **wenn wegen des Anspruchs bereits ein Güteantrag wegen Aussichtslosigkeit des Anspruchs zurückgewiesen ist;**
3. **in Urkunden- und Wechselprozessen;**
4. **für Widerklagen;**
5. **wenn die Zustellung an den Gegner im Auslande oder durch öffentliche Bekanntmachung erfolgen muß;**
6. **wenn nach dem Ermessen des Gerichts die alsbaldige Klageerhebung durch einen sonstigen wichtigen Grund gerechtfertigt wird, insbesondere wenn mit Rücksicht auf die Art des**

Anspruchs, die Verhältnisse der Beteiligten oder besondere Umstände der Versuch einer gütlichen Beilegung aussichtslos erscheint.

Ist nach der erfolglosen Beendigung eines Güteverfahrens ein Jahr verstrichen, so bedarf es zur Erhebung der Klage eines erneuten Güteverfahrens.

Dadurch ist für den Amtsgerichtsprozeß ein obligatorisches Güteverfahren eingeführt, das der Erhebung der Klage voranzugehen hat, wenn nicht einer der im Abs. 1 Nr. 1—6 bezeichneten Ausnahmefälle vorliegt. Hat zwar ein Güteverfahren erfolglos stattgefunden, ist aber seitdem ein Jahr verstrichen, so bedarf es, wenn nun erst die Klage erhoben werden soll, nach Abs. 2 eines erneuten vorgängigen Güteverfahrens.

57. Im § 496 sind dem Abs. 1 ein Satz und dem Abs. 3 zwei Sätze hinzugefügt, die sich auf das Güteverfahren beziehen, wonach im Güteverfahren statt der Zustellung, insbesondere der Terminsbestimmung, Übersendung mittels eingeschriebenen Briefes zugelassen ist, auch eine sonstige Benachrichtigungsform mit Empfangsbekenntnis genügt, und hinsichtlich der Wahrung einer Frist sowie der Verjährungsunterbrechung der Güteantrag die Wirkung der Klagerhebung hat, ferner der Güteantrag, wenn er, was zulässig ist, zurückgenommen wird, als nicht gestellt gilt.

Ferner sind Abs. 4: „Wird eine Partei durch einen Anwalt vertreten, so genügt zum Nachweise der Zustellung das mit Datum und Unterschrift versehene Empfangsbekenntnis des Anwalts." und Abs. 6: „Die Ausfertigung der Urteile erfolgt, sofern nicht von der Partei ein anderes beantragt wird, unter Weglassung des Tatbestandes und der Entscheidungsgründe. Die Zustellung einer solchen Ausfertigung steht in den Wirkungen der Zustellung des vollständigen Urteils gleich." hier gestrichen. Vgl. aber die entsprechenden, nunmehr für Amts- und Landgerichtsprozeß geltenden Vorschriften des § 212a unter Nr. 12 und des § 317 Abs. 2 in der Fassung unter Nr. 36.

§ 496. Die Zustellungen erfolgen unbeschadet des § 317 Abs. 1 von Amts wegen. **Im Güteverfahren kann die Zustellung durch Übersendung mittels eingeschriebenen Briefes ersetzt werden; auch eine sonstige Form der Bekanntmachung genügt, sofern sie durch ein mit Datum und eigenhändiger Unterschrift des Empfängers versehenes Empfangsbekenntnis nachgewiesen wird.**

Die Klage sowie sonstige Anträge und Erklärungen einer Partei, die zugestellt werden sollen, sind bei dem Gerichte schriftlich einzureichen oder mündlich zum Protokolle des Gerichtsschreibers anzubringen. Die Partei soll den Schriftsätzen, welche sie bei dem Gericht einreicht, die für die Zustellung erforderliche Zahl von Abschriften beifügen.

Soll durch die Zustellung eine Frist gewahrt oder die Verjährung unterbrochen werden, so tritt die Wirkung, sofern die Zustellung demnächst erfolgt, bereits mit der Einreichung oder Anbringung des Antrags oder der Erklärung ein. **In Ansehung der Wahrung einer Frist oder der Unterbrechung der Verjährung hat der Güteantrag dieselbe Wirkung wie eine Klageerhebung. Ein zurückgenommener Güteantrag gilt als nicht gestellt.**

Auf Bestimmung des Gerichts kann die Mitteilung von Anträgen und Erklärungen ohne besondere Form erfolgen.

58. Im § 498 hat Abs. 1 einen das Güteverfahren betreffenden Zusatz erhalten, wonach bei Zustellung des Güteantrags der Antragsgegner auf die Folgen seines etwaigen Ausbleibens im Termin hinzuweisen ist, und ist hinter Abs. 1 ein neuer

Absatz eingeschoben, der die an den Beklagten zu richtende, mit der Klagezustellung zu verbindende Aufforderung zur Klagebeantwortung betrifft. Vgl. in letzterer Hinsicht die im § 253 Abs. 3 Nr. 1 (s. unter Nr. 19) gegebene Vorschrift einer entsprechenden Aufforderung bereits in der Klageschrift, die nach dem neuen Abs. 2 Satz 2 für den Amtsgerichtsprozeß nicht gilt.

§ 498. Dem Beklagten ist mit der Ladung die Klageschrift oder das die Klage enthaltende Protokoll zuzustellen. **Im Güteverfahren ist dem Antragsgegner der Güteantrag unter Hinweis auf die Versäumnisfolgen zuzustellen oder gemäß § 496 Abs. 1 Satz 2 mitzuteilen.**

Mit der Zustellung der Klageschrift ist die Aufforderung an den Beklagten zu verbinden, etwaige gegen die Behauptungen des Klägers vorzubringende Einwendungen und Beweismittel unter genauer Bezeichnung der zu beweisenden Tatsachen unverzüglich dem Gerichte mitzuteilen. § 253 Abs. 3 Nr. 1 findet keine Anwendung.

Die Klage gilt unbeschadet der Bestimmung im § 496 Abs. 3 erst mit der Zustellung an den Beklagten als erhoben.

59. Im § 499 Abs. 1 sind mit Rücksicht auf das Güteverfahren an Stelle der Worte „Die Einlassungsfrist beträgt" die Worte „Die Frist zur Einlassung auf einen Güteantrag oder auf eine Klage beträgt" getreten. Die hiernach auch für das Güteverfahren bestimmte Einlassungsfrist ist besonders für die auch in diesem Verfahren gegebene Möglichkeit der Erlassung eines Versäumnisurteils von Bedeutung.

§ 499. Die Frist zur Einlassung **auf einen Güteantrag oder** auf eine Klage beträgt mindestens drei Tage, wenn die Zustellung an einem Orte erfolgt, der Sitz des Prozeßgerichts ist oder im Bezirke des Prozeßgerichts liegt oder von dem ein Teil zu diesem Bezirke gehört; mindestens eine Woche, wenn die Zustellung sonst im Inland erfolgt; in Meß- und Marktsachen mindestens 24 Stunden.

Ist die Zustellung im Auslande vorzunehmen, so hat das Gericht bei Festsetzung des Termins die Einlassungsfrist zu bestimmen.

60. Hinter § 499 sind nachstehende das Güteverfahren betreffende Vorschriften eingestellt:

§ 499 a. Der Antragsteller hat in dem Güteantrag anzugeben, welche Ansprüche er gegen seinen Gegner erhebt und auf welche Tatsachen er sie stützt. Gleichzeitig soll er seine Beweismittel bezeichnen und die Gründe, aus denen der Gegner den Anspruch bestreitet, soweit sie ihm bekannt sind, mitteilen. Besitzt der Antragsteller auf die Sache bezügliche Urkunden, so soll er sie in Urschrift oder Abschrift beifügen.

§ 499 b. Erscheint der erhobene Anspruch von vornherein aussichtslos, so kann das Gericht den Antrag durch Beschluß zurückweisen. Die Zurückweisung ist zu begründen und unterliegt keinem Rechtsmittel.

In allen anderen Fällen beraumt das Gericht unverzüglich Termin zur Güteverhandlung an.

Das Gericht kann die zur Vorbereitung der Güteverhandlung ihm dienlich erscheinenden Maßnahmen treffen. Ordnet das Gericht

das persönliche Erscheinen der Parteien an, so finden die Vorschriften des § 141 Abs. 2, 3 Anwendung.

§ 499 c. In der Güteverhandlung erörtert das Gericht das gesamte Streitverhältnis in freier Würdigung aller Umstände mit den Parteien und sucht einen gütlichen Ausgleich herbeizuführen. Zur Aufklärung des Sachverhalts kann ein Augenschein eingenommen werden. Andere Beweise können insoweit erhoben werden, als die Beweiserhebung sofort geschehen kann. Inwieweit Zeugen oder Sachverständige eidlich oder uneidlich vernommen werden, bleibt dem Ermessen des Gerichts überlassen. Ein Beweis durch Parteieid findet nicht statt.

§ 499 d. Die örtliche Zuständigkeit des Gerichts bestimmt sich nach den für das Streitverfahren geltenden Vorschriften. Ist das angegangene Amtsgericht örtlich unzuständig und ist die Unzuständigkeit von dem Antragsgegner geltend gemacht, so hat sich das Gericht durch Beschluß für unzuständig zu erklären. Die Vorschriften des § 276 finden entsprechende Anwendung.

§ 499 e. Einigen sich die Parteien in der Güteverhandlung nicht, so wird der Rechtsstreit auf den bis zur Beendigung der Verhandlung zu stellenden Antrag einer Partei soweit möglich sofort, sonst in einem alsbald anzuberaumenden neuen Termine streitig verhandelt. Für das Streitverfahren gilt in diesem Falle, auch in Ansehung des Eintritts der Rechtshängigkeit, der Güteantrag als Klageschrift; es sind jedoch Änderungen und Ergänzungen zu berücksichtigen, die der Antragsteller in der Güteverhandlung etwa vorgebracht hat.

Wird bei Erfolglosigkeit des Einigungsversuchs weder der Güteantrag zurückgenommen, noch der Antrag auf Eintritt in das Streitverfahren gestellt, so erteilt das Gericht beiden Parteien eine Bescheinigung darüber, daß das Güteverfahren erfolglos geblieben ist. In der Bescheinigung ist anzugeben, welcher Anspruch den Gegenstand des Verfahrens gebildet hat.

§ 499 f. Bleiben im Termine zur Güteverhandlung beide Parteien aus, so erklärt das Gericht durch Beschluß den Güteantrag für zurückgenommen.

Bleibt nur eine Partei aus, so wird auf Antrag der erschienenen Partei sofort in das Streitverfahren eingetreten. Der Güteantrag gilt auch in diesem Falle nach § 496 Abs. 1 Satz 2 als Klageschrift. Auf das weitere Verfahren finden die allgemeinen Vorschriften über das Versäumnisverfahren entsprechende Anwendung.

§ 499 g. Über die wesentlichen Ergebnisse der Güteverhandlung ist ein Protokoll aufzunehmen. In diesem sind insbesondere festzustellen:

1. der Abschluß eines Vergleichs;
2. die Erklärung einer Zurücknahme des Güteantrags;
3. Beschlüsse des Gerichts und deren Verkündung;

4. von dem Antragsteller mündlich vorgebrachte Ergänzungen und Änderungen des Güteantrags;

5. die Aussagen von Zeugen und Sachverständigen und das Ergebnis eines Augenscheins;

6. der Eintritt in das Streitverfahren.

Die Aufnahme der unter Nr. 4 und 5 vorgesehenen Erklärungen und Ergebnisse kann unterbleiben, wenn die Verhandlung noch in demselben Termine zu einer endgültigen Erledigung der Sache führt.

Dazu ist folgendes zu bemerken. Der Antragsteller muß im Güteantrag die seinen Anspruch begründenden Tatsachen darlegen und soll die Beweismittel sowie die ihm bekannten Einwendungen des Gegners angeben. Der Amtsrichter hat zu prüfen, ob nicht der erhobene Anspruch von vornherein aussichtslos ist. Erachtet er ihn für aussichtslos, so kann (nicht muß) er den Antrag zurückweisen, was unanfechtbar ist. Die Zurückweisung hat aber keine materiellrechtliche Bedeutung; vielmehr kann nun der Antragsteller gemäß § 495a Abs. 1 Nr. 2 (s. Nr. 56) die Klage ohne vorgängiges Güteverfahren erheben. Der Amtsrichter kann zur Aufklärung Augenschein einnehmen, auch andere sofort mögliche Beweise erheben, insbesondere gestellte oder im voraus von ihm geladene Zeugen oder Sachverständige vernehmen, deren Beeidigung in seinem Ermessen steht und deren Aussagen er nicht zu protokollieren braucht, wenn das Güteverfahren noch in demselben Termin, insbesondere durch Vergleich, endgültig erledigt wird. Ordnet er das persönliche Erscheinen der Parteien an (s. das unter Nr. 23 zu § 272b Bemerkte), so findet bei unentschuldigtem Ausbleiben die Strafvorschrift des § 141 Abs. 3 (s. Nr. 9) Anwendung. Mißlingt der Sühneversuch, so ist auf Antrag einer Partei möglichst sofort in das Streitverfahren einzutreten, wobei dann der Güteantrag als Klageschrift gilt, jedoch etwaige Ergänzungen bei dem Güteverfahren zu berücksichtigen sind. (Vgl. aber bezüglich der vorherigen Zahlung der Prozeßgebühr § 74a GKG. [Art. V Ver. v. 13./2. 24].) Ist eine rechtzeitig (s. § 335 unter Nr. 40) geladene Partei ausgeblieben, so ist auf Antrag des Gegners Versäumnisurteil oder eine Entscheidung nach Lage der Akten gemäß § 331a (s. Nr. 39) zu erlassen. Bleiben beide Parteien aus, so wird der Güteantrag für zurückgenommen erklärt.

61. § 500: „An ordentlichen Gerichtstagen können die Parteien zur Verhandlung des Rechtsstreits ohne Terminsbestimmung vor Gericht erscheinen. Die Erhebung der Klage erfolgt in diesem Falle durch den mündlichen Vortrag. Die Klage ist zu Protokoll zu nehmen, falls die Sache streitig bleibt." hat mit Rücksicht auf das Güteverfahren eine andere Fassung erhalten, zufolge deren § 510c, betreffend die Bestimmung eines Termins zum Zwecke eines Sühneversuchs auf Antrag einer Partei, gestrichen ist (s. Nr. 66). Vgl. den jetzt ebenfalls gestrichenen (s. Abschnitt IV Nr. 5) § 18 EntlVO. v. 9./9. 1915 über den Sühneversuch im Amtsgerichtsverfahren.

§ 500. An ordentlichen Gerichtstagen können die Parteien ohne vorherigen Antrag und ohne Terminbestimmung zur Güteverhandlung vor Gericht erscheinen. In diesem Falle ist, wenn bei Beendigung des Termins die Sache im Güteverfahren anhängig bleibt, der wesentliche Inhalt des mündlich gestellten Antrags in das Protokoll aufzunehmen. Führt der Termin zu einem Eintritt in das Streitverfahren, so wird die Klage durch mündlichen Vortrag erhoben und zu Protokoll genommen; nach der Klageerhebung kann jede Partei die Vertagung des Termins verlangen.

62. Hinter § 500 ist folgende Vorschrift über die Voraussetzungen für Einleitung des Amtsgerichtsprozesses durch Klage ohne vorgängiges Güteverfahren und Geltung der Klage als Güteantrag bei nicht genügender Darlegung der Voraussetzungen eingestellt:

§ 500a. Soll das Streitverfahren vor dem Amtsgericht unmittelbar durch Klage eingeleitet werden, so hat der Kläger bei der Einreichung oder Anbringung der Klage entweder eine gerichtliche Bescheinigung darüber beizubringen, daß innerhalb des letzten Jahres über den Anspruch ein Güteverfahren erfolglos beendigt worden ist oder, erforderlichenfalls unter Glaubhaftmachung, darzulegen, daß einer der Fälle vorliegt, in denen es eines Güteverfahrens nicht bedarf (§ 495a Abs. 1).

Eine Klage, die dieser Vorschrift nicht genügt, gilt als Güteantrag.

63. § 502, betreffend Hinwirkung des Gerichts auf vollständige Erörterung des Sach- und Streitverhältnisses, und § 503, wonach im Falle des Nichterscheinens beider Parteien das Verfahren ruht, sind gestrichen. Sie sind ersetzt durch die für Amts- und Landgerichtsprozeß geltenden Vorschriften des § 139 Abs. 1 in neuer Fassung (s. Nr. 8) und des neuen § 251a (s. Nr. 18).

64. Im § 504 ist Abs. 3: „Auf Grund prozeßhindernder Einreden darf die Verhandlung zur Hauptsache nicht verweigert werden; das Gericht kann jedoch die abgesonderte Verhandlung über diese Einreden anordnen.“ gestrichen. Zufolge Streichung der Worte: „wenn der Beklagte auf Grund derselben die Verhandlung zur Hauptsache verweigert“ im § 275 Abs. 1 (s. Nr. 24), kann der Beklagte nunmehr auch im Landgerichtsprozeß nicht die Verhandlung zur Hauptsache auf Grund prozeßhindernder Einreden verweigern.

§ 504. Die Vorschrift, daß prozeßhindernde Einreden gleichzeitig und vor der Verhandlung zur Hauptsache vorzubringen sind, findet nur insoweit Anwendung, als die Einrede der Unzuständigkeit des Gerichts und die Einrede, daß die Entscheidung des Rechtsstreits durch Schiedsrichter zu erfolgen habe, vor der Verhandlung zur Hauptsache geltend zu machen sind.

Ist das Amtsgericht sachlich unzuständig, so hat es vor der Verhandlung des Beklagten zur Hauptsache denselben auf die Unzuständigkeit aufmerksam zu **machen.**

Ferner ist § 505, betreffend die Verweisung der Sache an das zuständige Gericht, gestrichen. Er ist wörtlich als § 276 eingestellt (s. Nr. 25), der nun für Amts- und Landgerichtsprozeß gilt.

Weiter ist im § 506 Abs. 2 und im § 508 Abs. 3 die Zahl „505“ durch die Zahl „276“ ersetzt, weil § 505 als § 276 eingestellt ist.

§ 506. Wird durch Widerklage oder durch Erweiterung des Klagantrags (§ 268 Nr. 2, 3) ein Anspruch erhoben, der zur Zuständigkeit der Landgerichte gehört, oder wird in Gemäßheit des § 280 die Feststellung eines Rechtsverhältnisses beantragt, für welches die Landgerichte zuständig sind, so hat das Amtsgericht, sofern eine Partei vor weiterer Verhandlung zur Hauptsache darauf anträgt, durch Beschluß sich für unzuständig zu erklären und den Rechtsstreit an das Landgericht zu verweisen.

Die Vorschriften des **§ 276** Abs. 2, Abs. 3 Satz 1 finden entsprechende Anwendung.

§ 508. Der Gerichtsschreiber hat die Zustellung des Versäumnisurteils zu vermitteln, sofern nicht die Partei, welche das Urteil erwirkt hat, erklärt hat, selbst einen Gerichtsvollzieher mit der Zustellung beauftragen zu wollen.

Die im § 339 Abs. 1 bezeichnete Frist beträgt eine Woche.

Eine Verweisung des Rechtsstreits an ein anderes Gericht nach §§ 276, 506 findet nur statt, wenn das Amtsgericht den Einspruch für zulässig er-

achtet. Das Gericht, an welches der Rechtsstreit verwiesen wird, ist an die Entscheidung des Amtsgerichts, durch welche der Einspruch zugelassen wird, gebunden.

65. Im § 507 sind die Worte „und der §§ 348 bis 354“ gestrichen, weil die in diesen Paragraphen gegebenen Vorschriften über das vorbereitende Verfahren in Rechnungssachen usw. fortgefallen und an ihre Stelle die Vorschriften über das Verfahren vor dem Einzelrichter getreten sind (s. Nr. 43).

§ 507. Die Vorschriften des § 297 finden keine Anwendung.

66. § 510c, betreffend die Bestimmung eines Termins zum Zwecke eines Sühneversuchs auf Antrag einer Partei, ist gestrichen. Vgl. hierzu Nr. 61.

67. Hinter § 511 ist die folgende Vorschrift eingestellt, wodurch, wie schon durch § 20 EntlVO. v. 9./9. 1915, der jetzt fortgefallen ist (s. Abschnitt IV Nr. 5), die Zulässigkeit der Berufung in vermögensrechtlichen Rechtsstreitigkeiten von dem Vorhandensein einer Beschwerdesumme (nach der VO. zur Entlastung der Gerichte und über die Gerichtskosten v. 13./12. 1923 Art. I 3 [s. Abschn. I C b] beträgt sie 50 Goldmark) abhängig gemacht worden ist, entsprechend den Vorschriften der §§ 546, 547 für die Revision:

§ 511a. In Rechtsstreitigkeiten über vermögensrechtliche Ansprüche ist die Zulässigkeit der Berufung durch einen Wert des Beschwerdegegenstandes bedingt, der den vom Reichsminister der Justiz nach Anhörung eines Ausschusses des Reichstags mit Zustimmung des Reichsrats festzusetzenden Betrag übersteigt.

In betreff des Wertes des Beschwerdegegenstandes kommen die §§ 3 bis 9 der Zivilprozeßordnung zur Anwendung.

Der Berufungskläger hat diesen Wert glaubhaft zu machen; zur Versicherung an Eides Statt darf er nicht zugelassen werden.

Insoweit es sich um die Unzulässigkeit des Rechtswegs handelt sowie in Rechtsstreitigkeiten über Ansprüche, für welche die Landgerichte ohne Rücksicht auf den Wert des Streitgegenstandes ausschließlich zuständig sind, findet die Berufung ohne Rücksicht auf den Wert des Beschwerdegegenstandes statt.

68. Hinter § 512 ist die folgende Vorschrift eingestellt, wodurch bei vermögensrechtlichen Rechtsstreitigkeiten die Anfechtung des erstinstanzlichen Urteils wegen Annahme der örtlichen Zuständigkeit für unzulässig erklärt ist:

§ 512a. Die Berufung kann in Streitigkeiten über vermögensrechtliche Ansprüche nicht darauf gestützt werden, daß das Gericht erster Instanz seine örtliche Zuständigkeit mit Unrecht angenommen hat.

69. Dem § 516 Abs. 1 sind die Worte: „spätestens aber mit dem Ablauf von fünf Monaten nach der Verkündung“ hinzugefügt, wonach, wenn das Urteil nicht zugestellt, aber seit seiner Verkündung fünf Monate verstrichen sind, die Berufung nicht mehr zulässig ist, sodaß ein nicht angefochtenes Urteil spätestens 6 Monate nach seiner Verkündung rechtskräftig wird (vgl. die gleiche Bestimmung für die Revision in Nr. 83). Ferner ist Absatz 2: „Die Berufung kann gleichzeitig mit der Zustellung des Urteils eingelegt werden. Die Einlegung vor Zustellung des Urteils ist wirkungslos.“ gestrichen, so daß nun die Berufung auch schon vor Zustellung des Urteils eingelegt werden kann (gleiches gilt für die Revision, s. Nr. 83). Zu bemerken ist, daß nach § 317 Abs. 2 (s. Nr. 36) auch durch Zustellung eines nicht in vollständiger Form, sondern unter Weglassung des Tatbestandes und der Entscheidungsgründe ausgefertigten Urteils die Berufungsfrist in Lauf gesetzt wird, da im § 516 nicht ein anderes bestimmt ist (anderes gilt für die Revisionsfrist, s. Nr. 83).

§ 516. Die Berufungsfrist beträgt einen Monat; sie ist eine Notfrist und beginnt mit der Zustellung des Urteils, **spätestens aber mit dem Ablauf von fünf Monaten nach der Verkündung.**

70. Der erste Absatz des § 519 ist zu § 518 als Abs. 4 herübergenommen. Ferner hat der Abs. 2 des § 519: „Als vorbereitender Schriftsatz soll die Berufungsschrift insbesondere enthalten: die Erklärung, inwieweit das Urteil angefochten werde und welche Abänderungen desselben beantragt werden (Berufungsanträge), sowie die Angabe derjenigen neuen Tatsachen und Beweismittel, welche die Partei geltend zu machen beabsichtigt." eine andere Fassung erhalten, wonach nun, wie für die Revision (§ 554), auch für die Berufung die Einreichung eines Begründungsschriftsatzes mit bestimmtem Inhalt binnen Monatsfrist seit der Berufungseinlegung zwingend vorgeschrieben ist (s. Nr. 71).

§ 518. Die Einlegung der Berufung erfolgt durch Einreichung der Berufungsschrift bei dem Berufungsgerichte.

Die Berufungsschrift muß enthalten:

1. die Bezeichnung des Urteils, gegen welches die Berufung gerichtet wird;
2. die Erklärung, daß gegen dieses Urteil Berufung eingelegt werde.

Mit der Berufungsschrift soll eine Ausfertigung oder beglaubigte Abschrift des Urteils, gegen welches die Berufung sich richtet, dem Berufungsgerichte vorgelegt werden.

Die allgemeinen Bestimmungen über die vorbereitenden Schriftsätze finden auch auf die Berufungsschrift Anwendung.

71. Der durch Art. II RGes. zur Änderung des Gerichtskostengesetzes v. 21./12. 1922 (RGBl. 1923 S. 1) dem § 520 hinzugefügte Abs. 3 (s. Abschnitt I A h) ist beim § 519 als Abs. 6 eingestellt und hat eine andere Fassung erhalten. Es sind im Satz 1 hinter dem Worte „Vorsitzende" die Worte „gleichzeitig mit der Bekanntgabe des Termins zur mündlichen Verhandlung" und im Satz 2 hinter dem Worte „Vorsitzenden" die Worte „jedoch nicht über den zur mündlichen Verhandlung bestimmten Termin hinaus" gestrichen, weil nun der Termin zur mündlichen Verhandlung erst nach Bezahlung der Prozeßgebühr und nach rechtzeitiger Einreichung der Berufungsbegründungsschrift anzuberaumen ist (s. Nr. 73). Ferner sind im Satz 2 die Worte „eine Verlängerung der Frist durch Vereinbarung der Parteien ist unzulässig" gestrichen, weil nach der neuen Fassung des § 224 Abs. 1 eine Verlängerung von Fristen durch Vereinbarung der Parteien allgemein unzulässig ist (s. Nr. 13). Weiter sind im Satz 3 die Worte „so wird die Berufung durch Beschluß als unzulässig verworfen" durch die Worte „so gilt die Berufung als nicht in der gesetzlichen Form begründet" ersetzt; nach § 519 b Abs. 1 ist in diesem Falle die Berufung als unzulässig zu verwerfen und nach § 519 b Abs. 2 kann die Verwerfung durch Beschluß erfolgen (s. Nr. 72).

§ 519. Der Berufungskläger muß die Berufung begründen.

Die Berufungsbegründung erfolgt, sofern sie nicht bereits in der Berufungsschrift enthalten ist, durch Einreichung eines Schriftsatzes bei dem Berufungsgerichte. Die Frist für die Berufungsbegründung beträgt einen Monat; sie beginnt mit der Einlegung der Berufung und kann auf Antrag von dem Vorsitzenden verlängert werden.

Die Berufungsbegründung muß enthalten:

1. **die Erklärung, inwieweit das Urteil angefochten wird und welche Abänderungen des Urteils beantragt werden (Berufungsanträge),**

2. **die Angabe der neuen Tatsachen, Beweismittel und Beweiseinreden, welche die Partei geltend zu machen beabsichtigt.**

In der Berufungsbegründung soll ferner der Wert des nicht in einer bestimmten Geldsumme bestehenden Beschwerdegegenstandes angegeben werden, wenn von ihm die Zulässigkeit der Berufung abhängt.

Die allgemeinen Bestimmungen über die vorbereitenden Schriftsätze finden auch auf die Berufungsbegründung Anwendung.

Sofern nicht dem Berufungskläger das Armenrecht bewilligt ist oder Gebührenfreiheit zusteht, hat der Vorsitzende **eine Frist zu bestimmen,** innerhalb deren der Berufungskläger den Nachweis zu erbringen hat, daß er die für die Berufungsinstanz von ihm erforderte Prozeßgebühr bezahlt hat. Die Frist kann auf Antrag von dem **Vorsitzenden verlängert werden.** Wird der Nachweis nicht vor Ablauf der Frist erbracht, so **gilt die Berufung als nicht in der gesetzlichen Form begründet.** Hat der Berufungskläger die Bewilligung des Armenrechts vor Ablauf der Frist beantragt, so wird der Lauf der Frist bis zum Ablauf von zwei Wochen nach Zustellung des auf dieses Gesuch ergehenden Beschlusses und, wenn vor Ablauf der Frist gegen den Beschluß Beschwerde eingelegt wird, bis zur Zustellung des auf die Beschwerde ergehenden Beschlusses gehemmt.

72. Hinter § 519 sind die neuen §§ 519a, 519b eingestellt. Die Zustellung der Berufungsschrift von Amts wegen (§ 519a Satz 1) und die Einreichung von beglaubigten Abschriften der Berufungsschrift (§ 519a Satz 3) war schon im § 520 Abs. 1 Satz 2 und 3 vorgeschrieben. Deshalb sind diese Sätze gestrichen (s. Nr. 73). Durch die Vorschrift des § 519a Satz 2 soll dem Berufungsbeklagten ermöglicht werden, zu ersehen, wann die Berufungsbegründungsfrist abläuft (vgl. für die Revision Nr. 84). § 519b Abs. 1 enthält den bisherigen § 535 unter Einfügung der Worte „und Begründung" mit Rücksicht auf die Einführung des Erfordernisses der Berufungsbegründung (§ 519 unter Nr. 71). Daher ist § 535 gestrichen. § 519b Abs. 2 führt einen Fall der sofortigen Beschwerde an das Reichsgericht (gegen die Verwerfung der Berufung durch Beschluß, falls gegen ein gleichinhaltliches Urteil die Revision zulässig wäre) ein (s. § 567 Abs. 3 unter Nr. 88).

§ 519a. Die Berufungsschrift **und die Berufungsbegründung** sind der Gegenpartei von Amts wegen zuzustellen. **Mit der Zustellung der Berufungsschrift ist der Zeitpunkt mitzuteilen, an dem die Berufung eingelegt ist.** Die erforderliche Zahl von beglaubigten Abschriften soll der Beschwerdeführer mit der Berufungsschrift **oder der Berufungsbegründung** einreichen.

§ 519b. Das Berufungsgericht hat von Amts wegen zu prüfen, ob die Berufung an sich statthaft und ob die Einlegung **und Begründung** in der gesetzlichen Frist und Form erfolgt ist. Mangelt es an einem dieser Erfordernisse, so ist die Berufung als unzulässig zu verwerfen.

Die Entscheidung kann ohne mündliche Verhandlung durch Beschluß erfolgen; sie unterliegt in diesem Falle der sofortigen Beschwerde, sofern gegen ein Urteil gleichen Inhalts die Revision zulässig wäre.

73. § 520 Abs. 1 Satz 1: „Der Termin zur mündlichen Verhandlung über die Berufung ist von Amts wegen zu bestimmen und den Parteien bekannt zu machen" hat eine andere Fassung erhalten, woraus sich ergibt, daß der Termin erst nach rechtzeitiger Bezahlung der Prozeßgebühr und Einreichung der Berufungsbegründungsschrift zu bestimmen ist, da andernfalls nach § 519b die Berufung als unzulässig zu verwerfen ist (s. Nr. 71, 72). Ferner sind die Sätze 2 und 3 aus den unter Nr. 72 angegebenen Gründen gestrichen. Abs. 3 ist nach § 519 als Abs. 6 mit Fassungsänderung hinübergenommen (s. Nr. 71).

§ 520. Wird die Berufung nicht durch Beschluß als unzulässig verworfen, so ist der Termin zur mündlichen Verhandlung von Amts wegen zu bestimmen und den Parteien **bekanntzumachen. In der Bekanntmachung soll der Berufungsbeklagte, sofern die Zustellung nicht an einen Rechtsanwalt erfolgt, darauf hingewiesen werden, daß er sich vor dem Berufungsgerichte durch einen bei diesem Gerichte zugelassenen Rechtsanwalt als Bevollmächtigten vertreten lassen muß.**

In betreff der Frist, welche zwischen dem Zeitpunkte der Bekanntmachung des Termins und der mündlichen Verhandlung liegen muß, finden die Vorschriften des § 262 entsprechende **Anwendung.**

74. Hinter § 522 ist der neue § 522a eingestellt. Danach hat die Berufungsanschließung, für die bisher eine Form nicht vorgeschrieben war und die daher noch in der mündlichen Verhandlung durch Stellung eines Antrags auf Abänderung des erstinstanzlichen Urteils eingelegt werden konnte, durch Einreichung der Berufungsanschlußschrift, wie die Berufungseinlegung, zu erfolgen. Ferner ist für die Anschließung, wie für die Berufung, der Begründungszwang eingeführt, entsprechend den Vorschriften des § 556 für die Anschließung an die Revision. Weiter sind die für die Berufung gegebenen Vorschriften des § 518 Abs. 2 (Inhalt der Berufungsschrift), 4 (Anwendung der allgemeinen Vorschriften über die vorbereitenden Schriftsätze), des § 519 Abs. 3 (Inhalt der Berufungsbegründung), 5 (Anwendung der allgemeinen Bestimmungen über die vorbereitenden Schriftsätze auch auf die Berufungsbegründung) und der §§ 519a (Zustellung der Berufungs- und der Begründungsschrift von Amts wegen usw.), 519b (Verwerfung der Berufung als unzulässig, wenn sie nicht in der gesetzlichen Form und Frist eingelegt und begründet ist) für entsprechend anwendbar erklärt. Die Anwendung des § 519 Abs. 6 über die Bestimmung einer Frist für die Bezahlung der Prozeßgebühr ist dagegen für die Anschließung nicht vorgeschrieben.

§ 522a. Die Anschließung erfolgt durch Einreichung der Berufungsanschlußschrift bei dem Berufungsgerichte.

Die Anschlußberufung muß vor Ablauf der Berufungsbegründungsfrist (§ 519 Abs. 2) und, sofern sie nach deren Ablauf eingelegt wird, in der Anschlußschrift begründet werden.

Die Vorschriften des § 518 Abs. 2, 4, des § 519 Abs. 3, 5 und der §§ 519a, 519b finden entsprechende Anwendung.

75. § 523 bestimmt, daß auf das weitere Verfahren die für das erstinstanzliche landgerichtliche Verfahren geltenden Vorschriften entsprechende Anwendung finden. Danach kommen im Berufungsverfahren auch die neuen Vorschriften der §§ 348ff. über das Verfahren vor dem Einzelrichter (s. Nr. 43) zur Anwendung. Der jetzt hinter § 523 eingestellte § 523a schließt aber die Anwendung des § 349 Abs. 3, wonach der Einzelrichter bei Streitigkeiten über vermögensrechtliche Ansprüche im Einverständnis beider Parteien an Stelle des Prozeßgerichts entscheiden kann, für das Berufungsverfahren aus.

§ 523a. Die Vorschrift des § 349 Abs. 3 findet keine Anwendung.

76. § 524, betreffend Vertagung der mündlichen Verhandlung bis zum Ablauf der Berufungsfrist und bis zur Erledigung des vom Berufungsbeklagten eingelegten

Einspruchs, ist gestrichen, weil wegen des jetzigen Begründungszwanges der Termin erst nach Ablauf der Berufungsfrist anberaumt wird (s. Nr. 73).

77. Im § 528 Abs. 1 Satz 2 sind hinter den Worten „ausschließlicher Gerichtsstand" die Worte „oder die Zuständigkeit eines Gewerbe- oder Kaufmannsgerichts" eingefügt. Danach kann jetzt auch die Einrede der Zuständigkeit dieser Sondergerichte (RGes. v. 29./7. 90, 29./9. 01 und 6./7. 04) in der Berufungsinstanz nicht mehr geltend gemacht werden, wenn sie in erster Instanz geltend zu machen schuldhaft unterlassen ist. Zu bemerken ist, daß mit Rücksicht auf die Beschränkung der Berufung hinsichtlich der örtlichen Zuständigkeit im § 512a (s. Nr. 68) Satz 2 nun hauptsächlich nur für die sachliche Zuständigkeit von Bedeutung ist. Ferner ist der Abs. 2: „Die Verhandlung zur Hauptsache darf auf Grund prozeßhindernder Einreden nicht verweigert werden; das Gericht kann jedoch die abgesonderte Verhandlung über solche Einreden auch von Amts wegen anordnen." gestrichen, weil auch vor dem Landgericht jetzt die Verhandlung zur Hauptsache auf Grund prozeßhindernder Einreden nicht verweigert werden darf (s. Nr. 24).

§ 528. Prozeßhindernde Einreden, auf welche die Partei wirksam verzichten kann, dürfen nur geltend gemacht werden, wenn die Partei glaubhaft macht, daß sie ohne ihr Verschulden außerstande gewesen sei, dieselben in erster Instanz vorzubringen. Das gleiche gilt, wenn bei vermögensrechtlichen Ansprüchen für die Klage ein ausschließlicher Gerichtsstand oder die Zuständigkeit eines Gewerbe- oder Kaufmannsgerichts begründet ist, von der Einrede der Unzuständigkeit des Gerichts, sofern der Beklagte in erster Instanz zur Hauptsache mündlich verhandelt hat; eine Prüfung der Zuständigkeit von Amts wegen findet nicht statt.

78. Im § 529 sind zwischen Abs. 1 und 2 zwei neue Absätze getreten, so daß der bisherige Abs. 2 zum Abs. 4 und der bisherige Abs. 3 zum Abs. 5 geworden ist. Nach dem neuen Abs. 2 können Angriffs- und Verteidigungsmittel sowie Beweismittel und Beweiseinreden, wie gemäß §§ 279, 283 Abs. 2 in erster Instanz bei nachträglichem Vorbringen (s. Nr. 28, 30), in der Berufungsinstanz ohne Antrag zurückgewiesen werden, wenn ihre Geltendmachung in erster Instanz schuldhaft unterlassen ist, desgleichen solches Vorbringen, das bereits in erster Instanz nach §§ 279, 279a (Erklärungen, die erst nach Ablauf der vom Gericht bestimmten Frist nachgebracht worden sind, s. Nr. 29), 283 Abs. 2 zurückgewiesen worden ist, so daß die erstinstanzliche Zurückweisung aufrecht erhalten wird. Ferner kann nach dem neuen Abs. 3 neues Vorbringen, das an sich in der Berufungsinstanz noch zulässig ist, zurückgewiesen werden, wenn es gemäß § 519 Abs. 3 Nr. 2 in der Berufungsbegründung mitzuteilen (s. Nr. 70) schuldhaft unterlassen ist und durch seine Zulassung die Erledigung des Rechtsstreits verzögert werden würde. Nach den vorbezeichneten Richtungen ist das im Abs. 1 gewährte beneficium novorum nun eingeschränkt. Weiter ist der Satz 2 des bisherigen Abs. 3: „Im Falle der Zurückweisung finden die Vorschriften der §§ 540, 541 Anwendung." gestrichen, weil die §§ 540, 541, betreffend die Erlassung eines Vorbehaltsurteils im Falle der Zurückweisung von Verteidigungsmitteln nach § 279, das Anhängigbleiben des Rechtsstreits in der Berufungsinstanz und die Folgen, wenn sich demnächst der Klaganspruch als unbegründet ergibt, gestrichen worden sind (s. Nr. 81); erfolgt daher die Zurückweisung des Beklagten mit der Aufrechnung einer Gegenforderung nach Maßgabe des (jetzigen) Abs. 5, so ist sie für den anhängigen Prozeß nunmehr endgültig.

§ 529. Die Parteien können Angriffs- und Verteidigungsmittel, welche in erster Instanz nicht geltend gemacht sind, insbesondere neue Tatsachen und Beweismittel vorbringen.

Angriffs- und Verteidigungsmittel sowie Beweismittel und Beweiseinreden, die in erster Instanz nicht geltend gemacht worden sind, können zurückgewiesen werden, wenn durch deren Zulassung

die Erledigung des Rechtsstreits verzögert werden würde und nach der freien Überzeugung des Gerichts die Partei in der Absicht, den Prozeß zu verschleppen oder aus grober Nachlässigkeit sie nicht früher vorgebracht hat. Das gleiche gilt von solchem Vorbringen, das in erster Instanz nach den §§ 279, 279a, 283 Abs. 2 zurückgewiesen worden ist.

Die Vorschrift des Abs. 2 findet entsprechende Anwendung, wenn der Berufungskläger ein neues Vorbringen, dessen Geltendmachung in der Berufungsinstanz zulässig ist, entgegen der Vorschrift des § 519 nicht in der Berufungsbegründung mitgeteilt hat.

Neue Ansprüche dürfen, abgesehen von den Fällen des § 268 Nr. 2, 3, nur mit Einwilligung des Gegners erhoben werden.

Macht der Beklagte die Aufrechnung einer Gegenforderung geltend, so ist die hierauf gegründete Einwendung zurückzuweisen, wenn nicht der Kläger in die Geltendmachung einwilligt oder der Beklagte glaubhaft macht, daß er ohne sein Verschulden außerstande gewesen ist, die Aufrechnung in erster Instanz **geltend zu machen.**

79. Im § 534 Abs. 1 sind zwischen den Worten „Ein" und „nicht unbedingt" die Worte „nicht oder" gestrichen, weil nach den §§ 708, 709, 710 in den neuen Fassungen (s. Nr. 97, 98, 99) alle Urteile, soweit sie nicht ohne Antrag (§§ 708, 709) oder (unter den im § 710 Satz 2 bestimmten Voraussetzungen) auf Antrag für vorläufig vollstreckbar zu erklären sind, gegen Sicherheitsleistung (also bedingt) für vorläufig vollstreckbar zu erklären sind, und sind hinter dem Worte „Berufungsgerichte" die Worte „durch Beschluß" eingestellt, so daß nun unter den Voraussetzungen des Abs. 1 die vorläufige Vollstreckbarkeit nicht mehr durch Urteil, sondern durch Beschluß auszusprechen ist. Ferner ist ein neuer Abs. 2 eingefügt, wonach im Falle schuldhaft verspäteten Vorbringens von die Erledigung des Rechtsstreits verzögernden Angriffs- oder Verteidigungsmitteln oder Beweismitteln und Beweiseinreden seitens des Berufungsklägers das nicht unbedingt für vorläufig vollstreckbar erklärte angefochtene Urteil auf Antrag durch Beschluß für vorläufig vollstreckbar zu erklären ist.

§ 534. Ein **nicht unbedingt** für vorläufig vollstreckbar erklärtes Urteil erster Instanz ist, soweit es durch die Berufungsanträge nicht angefochten ist, auf den im Laufe der mündlichen Verhandlung gestellten Antrag von dem Berufungsgerichte **durch Beschluß** für vorläufig vollstreckbar zu erklären.

Das gleiche gilt, wenn der Berufungskläger neue Angriffs- oder Verteidigungsmittel oder Beweismittel und Beweiseinreden vorbringt, durch welche die Erledigung des Rechtsstreits verzögert wird, und nach der freien Überzeugung des Gerichts die Verspätung des Vorbringens auf der Absicht der Prozeßverschleppung oder auf Nachlässigkeit beruht.

Eine Anfechtung der Entscheidung findet nicht statt.

80. Im § 538 sind der Nummer 3 die Worte angefügt: „es sei denn, daß der Streit über den Betrag des Anspruchs zur Entscheidung reif ist". Bisher mußte der Berufungsrichter, wenn er den Klaganspruch, sei es in Übereinstimmung mit dem ersten Richter, sei es entgegen der Klagabweisung, dem Grunde nach für gerechtfertigt erachtete, die Sache an die erste Instanz zur Verhandlung über den Betrag des Anspruchs auch dann zurückverweisen, wenn für ihn die Sache auch zur Entscheidung über den Betrag reif war. Die Unzuträglichkeiten, die sich daraus ergeben haben, sind durch den Zusatz, der die Zurückverweisung für den genannten Fall ausschließt, beseitigt.

§ 538. Das Berufungsgericht hat die Sache, insofern eine weitere Verhandlung derselben erforderlich ist, an das Gericht erster Instanz zurückzuverweisen:

1. wenn durch das angefochtene Urteil ein Einspruch als unzulässig verworfen ist;
2. wenn durch das angefochtene Urteil nur über prozeßhindernde Einreden entschieden ist;
3. wenn im Falle eines nach Grund und Betrag streitigen Anspruchs durch das angefochtene Urteil über den Grund des Anspruchs vorab entschieden oder die Klage abgewiesen ist, **es sei denn, daß der Streit über den Betrag des Anspruchs zur Entscheidung reif ist;**
4. wenn das angefochtene Urteil im Urkunden- oder Wechselprozesse unter Vorbehalt der Rechte erlassen ist;
5. wenn das angefochtene Urteil ein Versäumnisurteil ist.

Im Falle der Nr. 2 hat das Berufungsgericht die sämtlichen prozeßhindernden Einreden zu erledigen.

81. Die §§ 540, 541, betreffend die Erlassung eines Vorbehaltsurteils im Falle der Zurückweisung von Verteidigungsmitteln des Beklagten nach § 279, das Anhängigbleiben des Rechtsstreits in der Berufungsinstanz und die Folgen, wenn sich demnächst der Klaganspruch als unbegründet ergibt, sind gestrichen. Danach ist, wenn die Zurückweisung von Verteidigungsmitteln nach Maßgabe des § 279 (s. Nr. 28) oder des § 529 Abs. 2, 3 (s. Nr. 78) erfolgt, sie nun für den anhängigen Prozeß endgültig.

82. Durch Art. I, III Verordnung v. 30./10. 1923 (RGBl. 1041) wurde die Revisionssumme, die im § 546 Abs. 1 früher ziffernmäßig angegeben war, dahin bestimmt, daß 1500 M. mit der jeweiligen Teuerungszahl zu vervielfältigen war; demnächst wurde durch Art. I Nr. 2 VO. z. Entlastung der Gerichte und über die Gerichtskosten v. 13./12. 23 die Revisionssumme auf 1800 Goldmark festgesetzt (s. Abschnitt I A i). Jetzt ist dem § 546 Abs. 1 eine andere Fassung gegeben, wonach die Revisionssumme durch den Reichsminister der Justiz festgesetzt wird.

§ 546. In Rechtsstreitigkeiten über vermögensrechtliche Ansprüche ist die Zulässigkeit der Revision durch einen Wert des Beschwerdegegenstandes bedingt, **der den vom Reichsminister der Justiz nach Anhörung eines Ausschusses des Reichstags mit Zustimmung des Reichsrats festzusetzenden Betrag übersteigt.**

In Betreff des Werts des Beschwerdegegenstandes kommen die Vorschriften der §§ 3—9 zur Anwendung.

Der Revisionskläger hat diesen Wert glaubhaft zu machen; zur Versicherung an Eidesstatt darf er nicht zugelassen werden.

83. Im § 552 Abs. 1 sind zwischen den Worten „Zustellung des" und „Urteils" die Worte „in vollständiger Form abgefaßten" eingefügt. Daraus ergibt sich nach § 317 Abs. 2 (s. Nr. 36), daß durch Zustellung eines unter Weglassung des Tatbestandes und der Entscheidungsgründe ausgefertigten Berufungsurteils die Revisionsfrist nicht in Lauf gesetzt wird (anderes gilt für die Berufungsfrist, s. Nr. 69). Ferner sind hinter dem Worte „Urteils" eingesetzt die Worte „spätestens aber mit Ablauf von fünf Monaten nach der Verkündung des Urteils". Danach kann, wenn das Berufungsurteil noch nicht zugestellt ist, aber seit Urteilsverkündung fünf Monate verstrichen sind, die Revision nicht mehr eingelegt werden und wird das nicht angefochtene Urteil spätestens sechs Monate nach seiner Verkündung rechtskräftig (vgl. die gleiche Bestimmung für die Berufung in Nr. 69). Weiter ist Abs. 2: „Die Einlegung der Revision vor Zustellung des Urteils ist wirkungslos." gestrichen, so daß nunmehr die Revision auch schon vor Zustellung des Urteils eingelegt werden kann (gleiches gilt für die Berufung, s. Nr. 69).

§ 552. Die Revisionsfrist beträgt einen Monat; sie ist eine Notfrist und beginnt mit der Zustellung des **in vollständiger Form abgefaßten** Urteils, **spätestens aber mit Ablauf von fünf Monaten nach der Verkündung des Urteils.**

84. Im § 553a Abs. 2 ist hinter Satz 1 eingefügt der Satz: „Hierbei ist der Zeitpunkt mitzuteilen, an dem die Revision eingelegt ist." Hierdurch soll dem Revisionsbeklagten ermöglicht werden, zu ersehen, ob die Revisionsbegründung (§ 554) rechtzeitig vom Revisionskläger eingereicht ist (vgl. für die Berufung Nr. 72).

§ 553a. Mit der Revisionsschrift soll eine Ausfertigung oder beglaubigte Abschrift des Urteils, gegen welches die Revision sich richtet, sowie der Nachweis der Zustellung des Urteils dem Revisionsgerichte vorgelegt werden.

Die Revisionsschrift ist der Gegenpartei von Amtswegen zuzustellen. **Hierbei ist der Zeitpunkt mitzuteilen, an dem die Revision eingelegt ist.** Die erforderliche Zahl von beglaubigten Abschriften soll der Beschwerdeführer mit der Revisionsschrift einreichen.

85. Im Abs. 2 Satz 2 des § 554, dessen Abs. 7 durch Art. II Nr. 3 RGes. zur Änderung des Gerichtskostengesetzes v. 21./12. 22 seine jetzige Fassung erhalten hat (s. Abschnitt I A 1), sind an die Stelle der Worte „mit dem Ablauf der Revisionsfrist" die Worte getreten „mit der Einlegung der Revision". Danach beginnt die Revisionsbegründungsfrist nicht, wie bisher, erst mit dem Ablauf der Revisionsfrist, sondern schon mit dem Zeitpunkte, in dem innerhalb der Revisionsfrist die Revision eingelegt worden ist. Ferner ist der letzte Halbsatz des Satzes 2: „eine Verlängerung der Frist durch Vereinbarung der Parteien ist nicht zulässig" gestrichen, da nach der jetzigen Fassung des § 224 Abs. 1 (s. Nr. 13) Verlängerung von Fristen durch Vereinbarung der Parteien allgemein unzulässig ist.

§ 554. Der Revisionskläger muß die Revision begründen.

Die Revisionsbegründung erfolgt, sofern sie nicht bereits in der Revisionsschrift enthalten ist, durch Einreichung eines Schriftsatzes bei dem Revisionsgerichte. Die Frist für die Revisionsbegründung beträgt einen Monat; sie beginnt **mit der Einlegung der Revision** und kann auf Antrag von dem Vorsitzenden **verlängert werden.**

Die Revisionsbegründung muß enthalten:

1. die Erklärung, inwieweit das Urteil angefochten und dessen Aufhebung beantragt werde (Revisionsanträge);
2. die Angabe der Revisionsgründe, und zwar:
   a) die Bezeichnung der verletzten Rechtsnorm;
   b) insoweit die Revision darauf gestützt wird, daß das Gesetz in bezug auf das Verfahren verletzt sei, die Bezeichnung der Tatsachen, welche den Mangel ergeben.

In der Revisionsbegründung soll ferner der Wert des nicht in einer bestimmten Geldsumme bestehenden Beschwerdegegenstandes angegeben werden, wenn die Zulässigkeit der Revision von diesem Werte abhängt.

Die Vorschriften des § 553 Abs. 2 und des § 553a Abs. 2 finden auf die Revisionsbegründung entsprechende Anwendung.

Nach dem Ablaufe der Begründungsfrist ist die Geltendmachung neuer Revisionsgründe nicht zulässig.

Sofern nicht dem Revisionskläger das Armenrecht bewilligt ist oder Gebührenfreiheit zusteht, hat der Vorsitzende eine Frist zu bestimmen, innerhalb deren der Revisionskläger den Nachweis zu erbringen hat, daß er die für die Revisionsinstanz von ihm erforderte Prozeßgebühr gezahlt hat. Wird der Nachweis nicht vor dem Ablauf der Frist erbracht, so gilt die Revision als nicht in gesetzlicher Form begründet. Hat der Revisionskläger die Bewilligung des Armenrechts vor Ablauf der Frist beantragt, so wird der Lauf der Frist bis zum Ablauf von zwei Wochen nach Zustellung des auf dieses Gesuch ergehenden Beschlusses gehemmt.

86. Hinter § 557 ist der neue § 557a eingestellt, wonach die Vorschriften über das Verfahren vor dem Einzelrichter (s. Nr. 43) im Revisionsverfahren keine Anwendung finden.

§ 557a. Die Vorschriften der §§ 348 bis 350 finden keine Anwendung.

87. Hinter § 566 ist der neue § 566a eingefügt, wonach gegen ein erstinstanzliches landgerichtliches Urteil mit Einwilligung des Gegners unter Übergehung der Berufungsinstanz Revision an das Reichsgericht eingelegt werden kann, aber nur wegen Verletzung materiellen Rechts, nicht wegen Mängel des Verfahrens.

§ 566a. Gegen die in erster Instanz erlassenen Endurteile der Landgerichte kann mit den folgenden Maßgaben unter Übergehung der Berufungsinstanz unmittelbar die Revision eingelegt werden.

Die Übergehung der Berufungsinstanz bedarf der Einwilligung des Gegners. Die schriftliche Erklärung der Einwilligung ist der Revisionsschrift beizufügen; sie kann auch von dem Prozeßbevollmächtigten der ersten Instanz abgegeben werden.

Die Revision kann nicht auf Mängel des Verfahrens gestützt werden.

Die Einlegung der Revision und die Erklärung des Einverständnisses damit gelten als Verzicht auf das Rechtsmittel der Berufung.

Verweist das Revisionsgericht die Sache zur anderweitigen Verhandlung und Entscheidung zurück, so kann die Zurückweisung nach seinem Ermessen auch an dasjenige Oberlandesgericht erfolgen, das für die Berufung zuständig gewesen wäre. In diesem Falle gelten für das Verfahren vor dem Oberlandesgerichte die gleichen Grundsätze, wie wenn der Rechtsstreit auf eine ordnungsmäßig eingelegte Berufung beim Oberlandesgericht anhängig geworden wäre.

Die Vorschrift im § 565 Abs. 2 findet in allen Fällen der Zurückverweisung entsprechende Anwendung.

88. Im § 567 ist hinter Abs. 1 ein neuer Abs. 2 statt des bisherigen Abs. 2 der zum Abs. 3 nun geworden ist, eingestellt, wonach für die sofortige Beschwerde über eine ohne Entscheidung in der Hauptsache ergangene Entscheidung über den Kostenpunkt (§ 99 Abs. 3) eine Beschwerdesumme, die vom Reichsminister der Justiz festgesetzt wird, bestimmt ist. Nach dem jetzt durch Art. III Nr. 5 der Ver. v. 13./2. 24 gestrichenen (s. Abschnitt IV Nr. 5) § 22 EntlVO. v. 9./9. 15 bestand bereits eine Beschwerdesumme; sie betrug zunächst 50 M., dann nach der VO. v. 18./5. 16 1000 M., demnächst nach der VO. v. 30./10. 23 (RGBl. 1041) den aus der Vervielfältigung der Grundzahl von 30 M. mit der jeweiligen Teuerungszahl sich ergebenden Betrag und zuletzt nach Art. I 3 VO. zur Entlastung der Gerichte und über die Gerichtskosten v. 13./12. 23 30 Goldmark (s. Abschnitt I C d). Ferner hat der bisherige Abs. 2 einen Zusatz erhalten, wonach ausnahmsweise gegen solche Beschlüsse der Oberlandesgerichte, durch die gemäß § 519b (s. Nr. 72) eine Berufung als unzulässig verworfen ist, die (sofortige) Beschwerde an das Reichsgericht zulässig ist (mit der aus § 519b Abs. 2 sich ergebenden Beschränkung).

§ 567. Das Rechtsmittel der Beschwerde findet in den in diesem Gesetze besonders hervorgehobenen Fällen und gegen solche eine vorgängige mündliche Verhandlung nicht erfordernde Entscheidungen statt, durch welche ein das Verfahren betreffendes Gesuch zurückgewiesen ist.

Im Falle des § 99 Abs. 3 unterliegt die Entscheidung einer sofortigen Beschwerde nur, wenn die Beschwerdesumme den vom Reichsminister der Justiz nach Anhörung eines Ausschusses des Reichstags mit Zustimmung des Reichsrats festzusetzenden Betrag übersteigt.

Gegen die Entscheidungen der Oberlandesgerichte ist eine Beschwerde nicht zulässig. **Ausgenommen sind Beschlüsse, durch die eine Berufung nach § 519b als unzulässig verworfen wird.**

89. § 594, der bestimmte, daß im Urkunden- und Wechselprozeß die Verhandlung zur Hauptsache auf Grund prozeßhindernder Einreden nicht verweigert werden dürfe, ist gestrichen, weil nach § 224 Abs. 1 in der neuen Fassung (s. Nr. 13) die Verhandlung zur Hauptsache auf Grund prozeßhindernder Einreden allgemein nicht mehr verweigert werden darf.

90. § 601, der bestimmte, daß im Urkundenprozesse die §§ 540, 541 keine Anwendung finden, ist gestrichen, weil diese Paragraphen überhaupt fortgefallen sind (s. Nr. 81).

91. § 626, der bestimmte, daß in Ehesachen die Vorschrift des § 279 über die Zurückweisung nachträglich vom Beklagten vorgebrachter Verteidigungsmittel in der Berufungsinstanz keine Anwendung finde, hat eine andere Fassung erhalten. Danach finden die Vorschriften der §§ 279 (s. Nr. 28), 283 Abs. 2 (s. Nr. 30), 529 Abs. 2, 3 (s. Nr. 78) über Zurückweisung neuen Vorbringens von Angriffs- und Verteidigungsmitteln sowie von Beweismitteln und Beweiseinreden in Ehesachen in der Berufungsinstanz nur insoweit Anwendung, als das neue Vorbringen nicht in die Berufungsbegründung aufgenommen ist (§ 529 Abs. 3, s. Nr. 78) oder Angriffs- oder Verteidigungsmittel in der Absicht der Prozeßverschleppung nicht früher vorgebracht sind. Die Zurückweisungsbefugnis besteht also, sofern nicht der erstere Fall (§ 529 Abs. 3) gegeben ist, nicht hinsichtlich neuen Vorbringens von Beweismitteln und Beweiseinreden und auch nicht hinsichtlich solcher neuer Angriffs- oder Verteidigungsmittel, die nur aus grober Nachlässigkeit (nicht in der Absicht der Prozeßverschleppung) nicht früher vorgebracht worden sind.

§ 626. Die Vorschriften über die Zurückweisung verspäteten Vorbringens finden in der Berufungsinstanz nur insoweit Anwendung, als der Berufungskläger sein neues Vorbringen entgegen

der Vorschrift des § 519 nicht in der Berufungsbegründung mitgeteilt oder die Partei nach der freien Überzeugung des Gerichts in der Absicht, den Prozeß zu verschleppen, ihre Angriffs- oder Verteidigungsmittel nicht früher vorgebracht hat.

92. § 693 Abs. 2: „Mit der Zustellung des Zahlungsbefehls treten die Wirkungen der Rechtshängigkeit ein" und § 695: „Durch die rechtzeitige Erhebung des Widerspruchs gegen den Anspruch oder einen Teil desselben verliert der Zahlungsbefehl seine Kraft. Die Wirkungen der Rechtshängigkeit bleiben bestehen." sind gestrichen mit Rücksicht auf Abs. 3 des § 696 in der neuen Fassung (s. Nr. 93), wonach erst, wenn nach rechtzeitigem Widerspruch Streitverhandlung stattfindet, die Streitsache als mit Zustellung des Zahlungsbefehls rechtshängig geworden gilt. Vgl. auch § 700 Satz 1 in der neuen Fassung (s. Nr. 95), wonach im Falle der Erlassung des Vollstreckungsbefehls der Anspruch als mit der Zustellung des Zahlungsbefehls im Streitverfahren rechtshängig geworden gilt.

§ 693. Die Zustellung des Zahlungsbefehls an den Schuldner erfolgt **von Amts wegen.**

Soll durch die Zustellung eine Frist gewahrt oder die Verjährung unterbrochen werden, so tritt die Wirkung, wenn die Zustellung demnächst erfolgt, bereits mit der Einreichung oder Anbringung des Gesuchs um Erlassung des Zahlungsbefehls ein.

Der Gerichtsschreiber hat von der Zustellung des Zahlungsbefehls den Gläubiger in Kenntnis zu setzen.

93. Im § 696 sind an die Stelle der Abs. 1, 2: „Wird rechtzeitig Widerspruch erhoben, so ist die Klage als mit der Zustellung des Zahlungsbefehls bei dem Amtsgericht erhoben anzusehen, welches den Befehl erlassen hat. Termin zur mündlichen Verhandlung ist nur auf Antrag einer Partei zu bestimmen; der Antrag kann schon in dem Gesuch um Erlassung des Zahlungsbefehls gestellt werden; die Ladungsfrist beträgt mindestens drei Tage" drei andere Absätze getreten. Danach ist, mit Ausnahme der in Abs. 2 Satz 2, 3 bezeichneten Fälle (Beibringung einer Bescheinigung über Erfolglosigkeit eines früheren Güteverfahrens; Darlegung des Nichterfordernisses eines Güteverfahrens nach § 495 a; Landgerichtssachen, auf die die Vorschriften über das Güteverfahren keine Anwendung finden), der Termin nicht zur Streitverhandlung, sondern zunächst zur Güteverhandlung anzuberaumen und gilt, wenn in den Ausnahmefällen Termin zur Streitverhandlung anberaumt ist oder wenn andernfalls nach erfolgloser Güteverhandlung zur Verhandlung im Streitverfahren übergegangen ist (s. Nr. 60), die Streitsache als mit Zustellung des Zahlungsbefehls rechtshängig geworden (mit den Wirkungen der §§ 263 ff.). An die Stelle der Ladungsfrist ist die Einlassungsfrist getreten, die sich aus § 499 Abs. 1 in der neuen Fassung (s. Nr. 59) ergibt.

§ 696. Wird rechtzeitig Widerspruch erhoben, so ist auf Antrag einer Partei **vor dem Amtsgerichte, das den Zahlungsbefehl erlassen hat,** ein Termin anzuberaumen. Der Antrag kann schon in dem Gesuch um Erlassung des Zahlungsbefehls gestellt **werden.**

Der Termin ist zur Güteverhandlung anzuberaumen. Hat der Gläubiger eine Bescheinigung über die Erfolglosigkeit eines vorangegangenen Güteverfahrens beigebracht oder, erforderlichenfalls unter Glaubhaftmachung, dargelegt, daß es gemäß § 495 a eines Güteverfahrens nicht bedarf, so ist alsbald Termin zur Streitverhandlung anzuberaumen. Das gleiche gilt, wenn der Anspruch zur Zuständigkeit der Landgerichte gehört.

Wird nach der Erhebung des Widerspruchs alsbald ein Termin zur Streitverhandlung anberaumt oder wird der Rechtsstreit im

Anschluß an das Güteverfahren gemäß §§ 499e, 499f Abs. 2 im Streitverfahren verhandelt, so gilt die Streitsache als mit Zustellung des Zahlungsbefehls rechtshängig geworden.

Zur Herstellung eines Urteils in abgekürzter Form (§ 313 Abs. 3, § 317 Abs. 4) kann der Zahlungsbefehl an Stelle der Klageschrift benutzt werden.

94. Im § 697 Abs. 1 ist an die Stelle der Zahl „505" die Zahl „276" getreten, weil § 505 gestrichen und im § 276 in der neuen Fassung (s. Nr. 25) wiedergegeben ist.

§ 697. Ist ein Anspruch erhoben, der zur Zuständigkeit der Landgerichte gehört, so hat das Amtsgericht, sofern eine Partei vor der Verhandlung zur Hauptsache darauf anträgt, durch Beschluß sich für unzuständig zu erklären und den Rechtsstreit an das Landgericht zu verweisen; **die Vorschriften des § 276** Abs. 2, Abs. 3 Satz 1 **finden Anwendung.**

Ist der Antrag auf Verweisung schon in dem Gesuch um Erlassung des Zahlungsbefehls gestellt oder mit dem Widerspruche verbunden worden, so kann die Entscheidung über den Antrag ohne vorgängige mündliche Verhandlung erfolgen. Wird die Verweisung beschlossen, so gilt der Rechtsstreit mit der Zustellung des Beschlusses als bei dem Landgericht anhängig.

95. Dem § 700 Satz 1 ist hinzugefügt der Halbsatz „im Falle seiner Erlassung gilt der Anspruch als mit der Zustellung des Zahlungsbefehls im Streitverfahren rechtshängig geworden". Danach ist die Erlassung des Vollstreckungsbefehls hinsichtlich der Rechtshängigkeit gleichgestellt den Fällen, in denen nach Erhebung des Widerspruchs gegen den Zahlungsbefehl (nicht im Güteverfahren, sondern) im Streitverfahren zu verhandeln ist (§ 696 Abs. 3, s. Nr. 93).

§ 700. Der Vollstreckungsbefehl steht einem für vorläufig vollstreckbar erklärten, auf Versäumnis erlassenen Endurteile gleich; **im Falle seiner Erlassung gilt der Anspruch als mit der Zustellung des Zahlungsbefehls im Streitverfahren rechtshängig geworden.** Gegen den Vollstreckungsbefehl findet der Einspruch statt; die Vorschriften über den Einspruch gegen ein von dem Amtsgericht erlassenes Versäumnisurteil finden entsprechende Anwendung. Gehört der Anspruch nicht vor die Amtsgerichte, so findet eine Verweisung des Rechtsstreits an das Landgericht nach § 697 nur statt, wenn das Amtsgerichts den Einspruch für zulässig erachtet. Das Landgericht ist an die Entscheidung des Amtsgerichts, durch welche der Einspruch zugelassen wird, gebunden.

96. Im § 701 Satz 1 sind zwischen „Zahlungsbefehl" und „seine Kraft" das Wort „dergestalt" und hinter „seine Kraft" die Worte „daß auch die Wirkungen der Rechtshängigkeit erlöschen" gestrichen, weil die Vorschrift des § 693 Abs. 2, daß mit der Zustellung des Zahlungsbefehls die Wirkungen der Rechtshängigkeit eintreten, fortgefallen ist (s. Nr. 92).

701. Wird in dem Falle, wenn Widerspruch nicht erhoben ist, die Erlassung des Vollstreckungsbefehls nicht binnen einer sechsmonatigen Frist, welche mit Ablauf der im Zahlungsbefehle bestimmten Frist beginnt, nachgesucht, so verliert der **Zahlungsbefehl seine Kraft.** Dasselbe gilt, wenn die Erlassung des Vollstreckungsbefehls rechtzeitig nachgesucht ist, das Gesuch aber zurückgewiesen wird.

97. Im § 708 Nr. 3 sind hinter dem Worte „Versäumnisurteile" die Worte „des Revisionsgerichts sowie ein zweites oder ferneres in derselben Instanz gegen dieselbe Partei zur Hauptsache erlassenes Versäumnisurteil" und in Nummer 7 die letzten Worte „mit Ausnahme der Versäumnisurteile" gestrichen. Danach sind nun sämtliche Versäumnisurteile und sämtliche Urteile der Oberlandesgerichte in vermögensrechtlichen Streitigkeiten auch ohne Antrag für vorläufig vollstreckbar zu erklären.

§ 708. Auch ohne Antrag sind für vorläufig vollstreckbar zu erklären:

1. **Urteile, welche auf Grund eines Anerkenntnisses eine Verurteilung aussprechen (§ 307);**
2. **Urteile, welche den Eintritt der in einem bedingten Endurteile ausgedrückten Folgen aussprechen;**
3. **Versäumnisurteile;**
4. **Urteile, welche im Urkunden- oder Wechselprozeß erlassen werden;**
5. **Urteile, durch welche Arreste oder einstweilige Verfügungen aufgehoben werden;**
6. **Urteile, welche die Verpflichtung zur Entrichtung von Alimenten oder zur Entrichtung einer nach den §§ 843, 844 des Bürgerlichen Gesetzbuchs geschuldeten Geldrente aussprechen, soweit die Entrichtung für die Zeit nach der Erhebung der Klage und für das der Erhebung der Klage vorausgehende letzte Vierteljahr zu erfolgen hat;**
7. **Urteile der Oberlandesgerichte in vermögensrechtlichen Streitigkeiten.**

98. Im § 709 sind an Stelle der Einleitungsworte „Urteile sind auf Antrag" getreten die Worte „Urteile sind ferner ohne Antrag". Danach sind Urteile, welche die im § 709 unter Nr. 1 bis 4 bezeichneten Streitigkeiten betreffen, nun ebenso, wie die im § 708 genannten Urteile, auch ohne Antrag für vorläufig vollstreckbar zu erklären, was insbesondere hinsichtlich der Urteile über die in Nr. 4, deren jetzige Fassung bezüglich des Wertes des Verurteilungsgegenstandes auf Art. I VO. v. 13./12. 23 beruht (s. Abschnitt I A m), bezeichneten Streitigkeiten von praktischer Bedeutung ist.

§ 709. Urteile sind ferner ohne Antrag für vorläufig vollstreckbar zu erklären, wenn sie betreffen:

1. **Streitigkeiten zwischen dem Vermieter und dem Mieter oder Untermieter von Wohnräumen oder anderen Räumen oder zwischen dem Mieter und dem Untermieter solcher Räume wegen Überlassung, Benutzung oder Räumung, sowie wegen Zurückhaltung der von dem Mieter oder dem Untermieter in die Mietsräume eingebrachten Sachen;**
2. **Streitigkeiten zwischen Dienstherrschaft und Gesinde, zwischen Arbeitgebern und Arbeitern hinsichtlich des Dienst- oder Arbeitsverhältnisses, sowie die im § 3 Abs. 1 des Gesetzes, betreffend die Gewerbegerichte, vom 29. Juli 1890 (Reichs-Gesetzbl. S. 141) bezeichneten Streitigkeiten, insofern dieselben während der Dauer des Dienst-, Arbeits- oder Lehrverhältnisses entstehen;**
3. **Streitigkeiten zwischen Reisenden und Wirten, Fuhrleuten, Schiffern, Flößern oder Auswanderungsexpedienten in den Einschiffungshäfen, welche über Wirtszechen, Fuhrlohn, Überfahrtsgelder, Beförderung der Reisenden und ihrer Habe und über Verlust und Beschädigung der letzteren, sowie Streitigkeiten zwischen Reisenden und Handwerkern, welche aus Anlaß der Reise entstanden sind;**

4. **andere vermögensrechtliche Ansprüche, sofern der Gegenstand der Verurteilung an Geld oder Geldeswert die Summe von 500 Goldmark nicht übersteigt; in betreff des Wertes des Gegenstandes kommen die Vorschriften der §§ 3 bis 9 zur Anwendung.**

99. § 710: „Urteile sind auf Antrag für vorläufig vollstreckbar zu erklären, wenn glaubhaft gemacht wird, daß die Aussetzung der Vollstreckung dem Gläubiger einen schwer zu ersetzenden oder einen schwer zu ermittelnden Nachteil bringen würde, oder wenn sich der Gläubiger erbietet, vor der Vollstreckung Sicherheit zu leisten." hat eine andere Fassung erhalten. Danach sind andere Urteile als die in den §§ 708, 709 bezeichneten nun (ohne Antrag) gegen Sicherheitsleistung und auf Antrag, wenn gemäß Glaubhaftmachung der Gläubiger zur Sicherheitsleistung nicht in der Lage ist und zugleich die Aussetzung der Vollstreckung ihm einen schwer zu ersetzenden oder einen schwer zu ermittelnden Nachteil bringen würde (nicht wie bisher auch, wenn sich der Gläubiger zur Sicherheitsleistung erbietet), auch ohne Sicherheitsleistung für vorläufig vollstreckbar zu erklären. Es sind daher jetzt alle Urteile für vorläufig vollstreckbar zu erklären, die in den §§ 708, 709 bezeichneten auch ohne Antrag und ohne Sicherheitsleistung, die übrigen entweder unter den Voraussetzungen des § 710 Satz 2 auf Antrag ohne Sicherheitsleistung oder auch ohne Antrag gegen Sicherheitsleistung.

§ 710. Andere Urteile sind gegen eine der Höhe nach zu bestimmende Sicherheit für vorläufig vollstreckbar zu erklären. Auf Antrag sind **sie auch ohne Sicherheitsleistung** für vorläufig vollstreckbar zu erklären, wenn glaubhaft gemacht wird, daß **der Gläubiger zur Sicherheitsleistung nicht in der Lage ist, und daß** die Aussetzung der Vollstreckung ihm einen schwer zu ersetzenden oder einen schwer zu ermittelnden Nachteil **bringen würde.**

100. Im § 712 Abs. 1 sind an die Stelle von „§ 708" getreten „§§ 708, 709", weil die im § 709 bezeichneten Urteile jetzt ebenso wie die im § 708 bezeichneten auch ohne Antrag für vorläufig vollstreckbar zu erklären sind (s. Nr. 98), und ist ferner an die Stelle von „§§ 709, 710" getreten „§ 710", so daß, falls glaubhaft gemacht wird, daß die Vollstreckung dem Schuldner einen nicht zu ersetzenden Nachteil bringen würde, bei anderen als den in den §§ 708, 709 bezeichneten Urteilen der Antrag des Gläubigers auf Vollstreckbarkeitserklärung, auch wenn er das Vorliegen der im § 710 Satz 2 neuer Fassung (s. Nr. 99) zur Antragsbegründung erforderten Tatsachen glaubhaft gemacht hat, zurückzuweisen ist. Ferner ist Abs. 2: „Die Vorschrift des Abs. 1 Halbsatz 1 findet auf die im § 708 Nr. 7 bezeichneten Urteile keine Anwendung, wenn die Voraussetzungen der §§ 546, 547 für die Zulässigkeit der Revision nach dem Ermessen des Gerichts unzweifelhaft nicht vorliegen." gestrichen, weil in dem neuen § 713a (s. Nr. 101) allgemein bestimmt ist, daß die Anordnungen zugunsten des Schuldners nach §§ 712, 713 nicht ergehen sollen, wenn die Voraussetzungen für die Anfechtbarkeit des betreffenden Urteils unzweifelhaft nicht gegeben sind.

§ 712. Wird glaubhaft gemacht, daß die Vollstreckung des Urteils dem Schuldner einen nicht zu ersetzenden Nachteil bringen würde, so ist in den Fällen der §§ 708, 709 auf Antrag des Schuldners auszusprechen, daß dasselbe nicht vorläufig vollstreckbar sei; in den Fällen des § 710 ist der Antrag des Gläubigers zurückzuweisen.

101. Hinter § 713 ist ein neuer § 713a eingefügt, wodurch die im bisherigen § 712 Abs. 2 (s. Nr. 100) für die Urteile der Oberlandesgerichte im Falle ihrer unzweifelhaften Unanfechtbarkeit gegebene Ausnahmebestimmung nun auf alle Urteile sowie auf die Fälle des § 713 (auf Antrag: Abhängigmachung der Vollstreckbarkeit von Sicherheitsleistung des Gläubigers, Abwendung der Vollstreckung durch Sicherheitsleistung des Schuldners) ausgedehnt worden ist.

§ 713 a. Die in den §§ 712 und 713 zugunsten des Schuldners zugelassenen Anordnungen sollen nicht ergehen, wenn die Voraussetzungen, unter denen ein Rechtsmittel gegen das Urteil stattfindet, nach dem Ermessen des Gerichts unzweifelhaft nicht vorliegen.

102. Im § 714 ist an Stelle der Zahl „709" die Zahl „710" getreten, da die im § 709 bezeichneten Urteile nun auch ohne Antrag für vorläufig vollstreckbar zu erklären sind.

§ 714. Die in den §§ **710** bis 713 erwähnten Anträge sind vor dem Schlusse der mündlichen Verhandlung zu stellen, auf welche das Urteil ergeht.

103. Im § 717 Abs. 3 ist der Satz 3: „Die Vorschriften des § 541 Abs. 2 Satz 2, 3 finden Anwendung" gestrichen, weil § 541 fortgefallen ist (s. Nr. 81); jedoch sind dafür zwei neue Sätze eingestellt, welche die bisherigen Sätze 2, 3 des § 541 Abs. 2 wörtlich wiedergeben. Sachlich ist also keine Änderung eingetreten.

§ 717. Die vorläufige Vollstreckbarkeit tritt mit der Verkündung eines Urteils, welches die Entscheidung in der Hauptsache oder die Vollstreckbarkeitserklärung aufhebt oder abändert, insoweit außer Kraft, als die Aufhebung oder Abänderung erfolgt.

Wird ein für vorläufig vollstreckbar erklärtes Urteil aufgehoben oder abgeändert, so ist der Kläger zum Ersatze des Schadens verpflichtet, der dem Beklagten durch die Vollstreckung des Urteils oder durch eine zur Abwendung der Vollstreckung gemachte Leistung entstanden ist. Der Beklagte kann den Anspruch auf Schadensersatz in dem anhängigen Rechtsstreite geltend machen; wird der Anspruch geltend gemacht, so ist er als zur Zeit der Zahlung oder Leistung rechtshängig geworden anzusehen.

Die Vorschriften des Abs. 2 finden auf die in § 708 Nr. 7 bezeichneten Urteile der Oberlandesgerichte keine Anwendung. Soweit ein solches Urteil aufgehoben oder abgeändert wird, ist der Kläger auf Antrag des Beklagten zur Erstattung des von diesem auf Grund des Urteils Gezahlten oder Geleisteten zu verurteilen. **Die Erstattungspflicht des Klägers bestimmt sich nach den Vorschriften über die Herausgabe einer ungerechtfertigten Bereicherung. Wird der Antrag gestellt, so ist der Anspruch auf Erstattung als zur Zeit der Zahlung oder Leistung rechtshängig geworden anzusehen; die mit der Rechtshängigkeit nach den Vorschriften des bürgerlichen Rechtes verbundenen Wirkungen treten mit der Zahlung oder Leistung auch dann ein, wenn der Antrag nicht gestellt wird.**

104. Im § 794 Abs. 1 Nr. 1 sind hinter den Worten „nach Erhebung der Klage" die Worte „oder in einem Güteverfahren" und hinter dem Wort „Gericht" die Worte „oder vor einer Gütestelle der im § 495 a Abs. 1 Nr. 1 bezeichneten Art" eingefügt, wodurch auch Vergleiche in dem neu eingeführten Güteverfahren oder vor der genannten Gütestelle (s. Nr. 56) für vollstreckbare Schuldtitel erklärt worden sind. Ferner ist die Nr. 2: „aus Vergleichen, welche im Falle des § 510 c vor dem Amtsgericht abgeschlossen sind" gestrichen, weil § 510 c (Vergleich im Sühneversuchsverfahren) fortgefallen ist (s. Nr. 66) und die Nr. 1 jetzt auch Vergleiche im Güteverfahren umfaßt. Die Nr. 2 a: „aus Kostenfestsetzungsbeschlüssen" ist nun zur Nr. 2 geworden.

§ 794. Die Zwangsvollstreckung findet ferner statt:

1. aus Vergleichen, welche nach Erhebung der Klage **oder in einem Güteverfahren** zwischen den Parteien oder zwischen einer Partei

und einem Dritten zur Beilegung des Rechtsstreits seinem ganzen Umfange nach oder in betreff eines Teils des Streitgegenstandes vor einem deutschen Gericht **oder vor einer Gütestelle der im § 495a Abs. 1 Nr. 1 bezeichneten Art** abgeschlossen sind;

2. aus Kostenfestsetzungsbeschlüssen;
3. aus Entscheidungen, gegen welche das Rechtsmittel der Beschwerde stattfindet;
4. aus Vollstreckungsbefehlen;
5. aus Urkunden, welche von einem deutschen Gericht oder von einem deutschen Notar innerhalb der Grenzen seiner Amtsbefugnisse in der vorgeschriebenen Form aufgenommen sind, sofern die Urkunde über einen Anspruch errichtet ist, welcher die Zahlung einer bestimmten Geldsumme oder die Leistung einer bestimmten Quantität anderer vertretbarer Sachen oder Wertpapiere zum Gegenstande hat, und der Schuldner sich in der Urkunde der sofortigen Zwangsvollstreckung unterworfen hat. Als ein Anspruch, welcher die Zahlung einer Geldsumme zum Gegenstande hat, gilt auch der Anspruch aus einer Hypothek, einer Grundschuld oder einer Rentenschuld.

Soweit nach den Vorschriften der §§ 737, 739, 743, des § 745 Abs. 2 und des § 748 Abs. 2 die Verurteilung eines Beteiligten zur Duldung der Zwangsvollstreckung erforderlich ist, wird sie dadurch ersetzt, daß der Beteiligte in einer nach Abs. 1 Nr. 5 aufgenommenen Urkunde die sofortige Zwangsvollstreckung in die seinem Rechte unterworfenen Gegenstände bewilligt.

105. Hinter § 797 ist ein neuer § 797a eingefügt, wodurch für Vergleiche vor den durch die Landesjustizverwaltung eingerichteten oder anerkannten Gütestellen (§ 495a Abs. 1 Nr. 1, s. Nr. 56 sowie § 794 Nr. 1) Bestimmungen über Erteilung der Vollstreckungsklausel und Einwendungen gegen deren Zulässigkeit gegeben sind.

§ 797a. Bei Vergleichen, die vor Gütestellen der im § 495a Abs. 1 Nr. 1 bezeichneten Art geschlossen sind, wird die Vollstreckungsklausel von dem Gerichtsschreiber desjenigen Amtsgerichts erteilt, in dessen Bezirk die Gütestelle ihren Sitz hat.

Über Einwendungen, welche die Zulässigkeit der Vollstreckungsklausel betreffen, entscheidet das im Abs. 1 bezeichnete Gericht.

§ 797 Abs. 5 findet entsprechende Anwendung.

Die Landesjustizverwaltung kann Vorsteher von Gütestellen ermächtigen, vor der Gütestelle geschlossene Vergleiche für vollstreckbar zu erklären. Die Ermächtigung erstreckt sich nicht auf diejenigen Fälle, in denen die Vollstreckungsklausel nur auf Anordnung des Vorsitzenden erteilt werden kann. Über Einwendungen, welche die Zulässigkeit der Vollstreckungsklausel betreffen, entscheidet das im Abs. 1 bezeichnete Gericht.

106. Im § 798 ist die Frist für die Zulässigkeit der Zwangsvollstreckung aus einem Kostenfestsetzungsbeschluß und den Urkunden nach § 794 Nr. 5 von „drei Tagen" verlängert auf „eine Woche".

§ 798. Aus einem Kostenfestsetzungsbeschlusse, der nicht auf das Urteil gesetzt ist, und den nach § 794 Nr. 5 aufgenommenen Urkunden darf die

Zwangsvollstreckung nur beginnen, wenn der Schuldtitel mindestens **eine Woche** vorher zugestellt ist.

107. Im § 813 Abs. 1 ist an die Stelle von „Mark" gesetzt „Goldmark".

§ 813. Zur Pfändung von Früchten, die von dem Boden noch nicht getrennt sind, und zur Pfändung von Gegenständen der im § 811 Nr. 4 bezeichneten Art bei Personen, welche Landwirtschaft betreiben, soll ein landwirtschaftlicher Sachverständiger zugezogen werden, sofern anzunehmen ist, daß der Wert der zu pfändenden Gegenstände den Betrag von eintausend **Goldmark** übersteigt.

Inwieweit bei einem geringeren Werte ein Sachverständiger zugezogen werden soll, bestimmt die Landesjustizverwaltung.

108. Es sind im § 921 Abs. 2 Satz 1 die Worte „eine nach freiem Ermessen zu bestimmende" und im Satz 2 das Wort „solchen", ferner im § 925 Abs. 2 die Worte „nach freiem Ermessen zu bestimmenden" und weiter im § 927 die Worte „zu einer nach freiem Ermessen zu bestimmenden" gestrichen, weil § 108 Abs. 1 Satz 1 in der neuen Fassung (s. Nr. 4) schon allgemein bestimmt, daß in den Fällen der Bestellung einer prozessualischen Sicherheit das Gericht „nach freiem Ermessen bestimmen" kann, in welcher Art und Höhe Sicherheit zu leisten ist.

§ 921. Die Entscheidung kann ohne vorgängige mündliche Verhandlung erfolgen.

Das Gericht kann, auch wenn der Anspruch oder der Arrestgrund nicht glaubhaft gemacht ist, den Arrest anordnen, sofern wegen der dem Gegner drohenden Nachteile **Sicherheit** geleistet wird. Es kann die Anordnung des Arrests von **einer Sicherheitsleistung** abhängig machen, selbst wenn der Anspruch und der Arrestgrund glaubhaft gemacht sind.

§ 925. Wird Widerspruch erhoben, so ist über die Rechtmäßigkeit des Arrestes durch Endurteil zu entscheiden.

Das Gericht kann den Arrest ganz oder teilweise bestätigen, abändern oder aufheben, auch die Bestätigung, Abänderung oder Aufhebung von **einer Sicherheitsleistung** abhängig machen.

§ 927. Auch nach der Bestätigung des Arrestes kann wegen veränderter Umstände, insbesondere wegen Erledigung des Arrestgrundes oder auf Grund des Erbietens **zur Sicherheitsleistung** die Aufhebung des Arrestes beantragt werden.

Die Entscheidung ist durch Endurteil zu erlassen; sie erfolgt durch das Gericht, welches den Arrest angeordnet hat, und, wenn die Hauptsache anhängig ist, durch das Gericht der Hauptsache.

109. Im § 1042 Abs. 1 sind an die Stelle der Worte „ihre Zulässigkeit durch ein Vollstreckungsurteil ausgesprochen ist" gesetzt worden die Worte „er durch Beschluß für vollstreckbar erklärt ist". Danach erfolgt die Vollstreckbarkeitserklärung des Schiedsspruchs nicht mehr auf Klage durch Urteil, sondern auf Antrag durch Beschluß, der, da er in den § 1045 Abs. 1 aufgenommen ist (s. Nr. 113), ohne mündliche Verhandlung erlassen und mit der sofortigen Beschwerde angefochten werden kann (§ 1045 Abs. 2, 3). Ferner sind an die Stelle des Abs. 2: „Das Vollstreckungsurteil ist nicht zu erlassen, wenn ein Grund vorliegt, aus welchem die Aufhebung des Schiedsspruchs beantragt werden kann" neue Abs. 2, 3 getreten. Vorschriften, wegen deren Verletzung durch das Schiedsgericht der Beschluß danach gemäß Abs. 2 nicht zu erlassen ist, sind z. B. die über Nichtigkeit von Rechtsgeschäften wegen Formmangels, Verstoßes gegen ein gesetzliches Verbot (z. B. des Differenz-, des Preistreibereigeschäfts), Verstoßes gegen die guten

Sitten (§§ 125, 134, 138 BGB.); unter „hinweggesetzt hat" sind Fälle zu verstehen, in denen ersichtlich ist, daß das Schiedsgericht die zwingende Vorschrift trotz Kenntnis ihres Vorhandenseins und ihrer Verbindlichkeit unberücksichtigt gelassen hat. Die Klage auf Aufhebung des Schiedsspruchs, wegen deren Erhebung nach Abs. 3 die Beschlußfassung auszusetzen ist, ist die auf eine der sechs Gründe des § 1041 Abs. 1 gestützte Klage.

§ 1042. Aus dem Schiedsspruch findet die Zwangsvollstreckung nur statt, wenn er durch Beschluß für vollstreckbar erklärt ist.

Der Beschluß ist nicht zu erlassen, wenn sich der Spruch über eine gesetzliche Vorschrift hinweggesetzt hat, auf deren Innehaltung die Parteien rechtswirksam nicht hätten verzichten können.

Wird binnen einer vom Gerichte zu bestimmenden Frist nachgewiesen, daß die Klage auf Aufhebung des Spruches erhoben ist, so ist die Beschlußfassung bis zur Erledigung des Rechtsstreits auszusetzen.

110. § 1043: „Nach Erlassung des Vollstreckungsurteils kann die Aufhebung des Schiedsspruchs nur aus den im § 1041 Nr. 6 bezeichneten Gründen und nur dann beantragt werden, wenn glaubhaft gemacht wird, daß die Partei ohne ihr Verschulden außerstande gewesen sei, den Aufhebungsgrund in dem früheren Verfahren geltend zu machen." ist gestrichen, so daß nun auch nach Erlassung des Beschlusses auf Vollstreckbarkeitserklärung (s. Nr. 109) nicht nur wegen der Restitutionsgründe des § 1041 Nr. 6, sondern wegen aller Gründe des § 1041 Nr. 1—6 und auch, wenn sie früher hätten vorgebracht werden können (nicht, wie bisher, in dem Verfahren auf Vollstreckbarkeitserklärung, da dieses jetzt ein Beschlußverfahren ist, sondern durch Aufhebungsklage, wegen deren nach § 1042 Abs. 3 das Verfahren auszusetzen gewesen wäre), die Aufhebungsklage (allerdings nur innerhalb der Frist des § 1044) noch erhoben werden kann.

111. Zufolge der Streichung des § 1043 (s. Nr. 110) und der Ersetzung des Vollstreckungsurteils durch einen Beschluß auf Vollstreckbarkeitserklärung im § 1042 (s. Nr. 109) sind im § 1044 Abs. 1 die Worte „im Falle des vorstehenden Paragraphen" gestrichen und im Abs. 2 an die Stelle des Wortes „Vollstreckungsurteils" gesetzt die Worte „Beschlusses, welcher den Spruch für vollstreckbar erklärte".

§ 1044. Die Klage auf Aufhebung **eines für vollstreckbar erklärten** Schiedsspruchs **ist vor** Ablauf der Notfrist eines Monats zu erheben.

Die Frist beginnt mit dem Tage, an welchem die Partei von dem Aufhebungsgrunde Kenntnis erhalten hat, jedoch nicht vor eingetretener Rechtskraft des **Beschlusses, welcher den Spruch für vollstreckbar erklärte.** Nach Ablauf von zehn Jahren, von dem Tage der Rechtskraft des **Beschlusses** an gerechnet, ist die Klage unstatthaft.

Wird der Schiedsspruch aufgehoben, so ist zugleich **der ihn für vollstreckbar erklärende Beschluß aufzuheben.**

112. Der neue § 1044a gibt für einen vor dem Schiedsgericht geschlossenen mit der Klausel der Unterwerfung unter die sofortige Zwangsvollstreckung versehenen Vergleich Vorschriften über die Vollstreckbarkeitserklärung durch Beschluß und die formellen Voraussetzungen hierfür sowie über Versagung des Beschlusses, wenn der Vergleich rechtsunwirksam ist (z. B. wegen Geschäftsunfähigkeit einer Partei) und über Aufhebung des Beschlusses, wenn der Vergleich aufgehoben wird.

§ 1044a. Hat sich der Schuldner in einem von dem Schiedsgerichte vermittelten Vergleiche der sofortigen Zwangsvollstreckung unterworfen, so findet die Zwangsvollstreckung aus dem Vergleiche

statt, wenn er durch Beschluß für vollstreckbar erklärt ist. Der Beschluß darf nur ergehen, wenn der Vergleich unter Angabe des Tages seines Zustandekommens von den Schiedsrichtern [und den Parteien unterschrieben und auf der Gerichtsschreiberei des zuständigen Gerichts niedergelegt ist.

Der Beschluß ist nicht zu erlassen, wenn der Vergleich der Rechtswirksamkeit entbehrt.

§ 1044 Abs. 3 findet entsprechende Anwendung.

113. Im § 1045 Abs. 1 sind hinter den Worten „richterlichen Handlungen" die Worte „und zur Erlassung der in den §§ 1042, 1044a bezeichneten Beschlüsse" eingefügt. Danach sind die im § 1045 Abs. 1 bezeichneten Gerichte zur Erlassung der Beschlüsse auf Vollstreckbarkeitserklärung des Schiedsspruchs (§ 1042) und eines vor dem Schiedsgericht geschlossenen mit der Klausel der Unterwerfung unter die sofortige Zwangsvollstreckung versehenen Vergleichs (§ 1044a) für zuständig erklärt. Zugleich ergibt sich daraus gemäß § 1045 Abs. 2, 3, daß die Beschlüsse ohne vorgängige mündliche Verhandlung erlassen werden können, daß vor der Entscheidung der Gegner zu hören ist und daß gegen die Beschlüsse die sofortige Beschwerde stattfindet (s. Nr. 109).

§ 1045. Für die gerichtlichen Entscheidungen über die Ernennung oder die Ablehnung eines Schiedsrichters oder über das Erlöschen eines Schiedsvertrags oder über die Anordnung der von den Schiedsrichtern für erforderlich erachteten richterlichen Handlungen **und zur Erlassung der in den §§ 1042, 1044a bezeichneten Beschlüsse** ist das Amtsgericht oder das Landgericht zuständig, welches in einem schriftlichen Schiedsvertrag als solches bezeichnet ist, und in Ermangelung einer derartigen Bezeichnung das Amtsgericht oder das Landgericht, welches für die gerichtliche Geltendmachung des Anspruchs zuständig sein würde.

Die Entscheidung kann ohne vorgängige mündliche Verhandlung erfolgen. Vor der Entscheidung ist der Gegner zu hören.

Gegen die Entscheidung findet sofortige Beschwerde statt.

114. Im § 1046 sind die Worte „die Erlassung des Vollstreckungsurteils" gestrichen, weil eine Klage auf Erlassung des Vollstreckungsurteils nicht mehr stattfindet, sondern der Schiedsspruch durch Beschluß für vollstreckbar erklärt wird und durch dessen Aufnahme in § 1045 Abs. 1 (im § 1046 des RGBl. steht irrtümlich 1042 Abs. 1) sich die Zuständigkeit hierfür ergibt (s. Nr. 109, 113).

§ 1046. Das im § 1045 Abs. 1 bezeichnete Gericht ist auch für die Klagen zuständig, welche die Unzulässigkeit des schiedsrichterlichen Verfahrens oder die Aufhebung eines Schiedsspruchs zum Gegenstande haben.

III.

Änderungen des Gerichtsverfassungsgesetzes

durch die Verordnung über Gerichtsverfassung und Strafrechtspflege vom 4. Januar 1924 (RGBl. I S. 15), in Kraft (hauptsächlich, s. u. Nr. 29) vom 1. April 1924, und durch Artikel I der **Verordnung über das Verfahren in bürgerlichen Rechtsstreitigkeiten vom 13. Februar 1924** (RGBl. I S. 135), in Kraft vom 1. Juni 1924, sowie durch die **Bekanntmachung der Texte des Gerichtsverfassungsgesetzes und der Strafprozeßordnung vom 22. März 1924** (RGBl. I S. 299).

1. Die §§ 1—7 und 9—11 unter dem Ersten Titel „Richteramt" und die §§ 12 bis 21 unter dem Zweiten Titel „Gerichtsbarkeit" sind unverändert geblieben und haben die bisherigen Paragraphenzahlen behalten; nur ist in § 2 Abs. 4, §§ 3, 5 an die Stelle von „Bundesstaat" gesetzt „Deutsches Land" auf Grund Art. 2 RVerf. v. 11./8. 19 und der Ermächtigung im § 43 Abs. 2 (s. Nr. 29) Ver. v. 4./1. 24. Dem § 8 Abs. 1 ist der Satz: „Die Gesetzgebung kann Altersgrenzen festsetzen, bei deren Erreichung Richter in den Ruhestand treten" hinzugefügt entsprechend dem Art. 104 Abs. 1 Satz 2 RVerf. v. 11./8. 19.

§ 8. Richter können wider ihren Willen nur kraft richterlicher Entscheidung und nur aus den Gründen und unter den Formen, welche die Gesetze bestimmen, dauernd oder zeitweise ihres Amtes enthoben oder an eine andere Stelle oder in den Ruhestand versetzt werden. **Die Gesetzgebung kann Altersgrenzen festsetzen, bei deren Erreichung Richter in den Ruhestand treten.**

Die vorläufige Amtsenthebung, welche kraft Gesetzes eintritt, wird hierdurch nicht berührt.

Bei einer Veränderung in der Einrichtung der Gerichte oder ihrer Bezirke können unfreiwillige Versetzungen an ein anderes Gericht oder Entfernungen vom Amte unter Belassung des vollen Gehalts durch die Landesjustizverwaltung verfügt werden.

2. Im Dritten Titel „Amtsgerichte" ist auf Grund des § 4 Ver. v. 4./1. 24 dem § 22 ein neuer Abs. 2, wonach ein Amtsrichter zugleich Mitglied oder Direktor bei dem übergeordneten Landgericht sein kann, eingefügt und dem bisherigen Abs. 2, jetzigen Abs. 3 ein neuer Satz vorangestellt, wonach die allgemeine Dienstaufsicht dem Präsidenten des übergeordneten Landgerichts von der Landesjustizverwaltung übertragen werden kann.

§ 22. Den Amtsgerichten stehen Einzelrichter vor.

Ein Amtsrichter kann zugleich Mitglied oder Direktor bei dem übergeordneten Landgericht sein.

Die allgemeine Dienstaufsicht kann von der Landesjustizverwaltung dem Präsidenten des übergeordneten Landgerichts übertragen werden. Geschieht dies nicht, so ist, wenn das Amtsgericht mit mehreren

Richtern besetzt ist, einem von ihnen von der Landesjustizverwaltung die allgemeine Dienstaufsicht zu übertragen; ist die Zahl der Richter höher als fünfzehn, so kann die Dienstaufsicht zwischen mehreren von ihnen geteilt werden.

Jeder Amtsrichter erledigt die ihm obliegenden Geschäfte, soweit dieses Gesetz nichts anderes bestimmt, als Einzelrichter.

3. Zwischen dem § 23, betreffend die Zuständigkeit der Amtsgerichte in bürgerlichen Rechtsstreitigkeiten (s. Abschnitt I B b), und dem § 24: „Im übrigen wird die Zuständigkeit und der Geschäftskreis der Amtsgerichte durch die Vorschriften dieses Gesetzes und der Prozeßordnungen bestimmt.", der als letzter des Dritten Titels „Amtsgerichte" die Zahl 27 erhalten hat, sind auf Grund der §§ 6—9 Ver. v. 4./1. 24 die §§ 24, 25, 26 eingestellt. Der § 24 ersetzt den bisherigen § 27, der im Vierten Titel „Schöffengerichte" über die Zuständigkeit der Schöffengerichte Bestimmung traf, sowie die bisherigen §§ 28, 29, betreffend Erklärung der Unzuständigkeit des Schöffengerichts bei Feststellung eines höheren Wertes des Gegenstandes der Tat in der Hauptverhandlung und Zuweisung von Vergehen und von Verbrechen des Diebstahls und Betrugs seitens der Staatsanwaltschaft sowie von Zuwiderhandlungen gegen Abgabenvorschriften seitens der Verwaltungsbehörde an das Schöffengericht. Er bestimmt die Zuständigkeit der Amtsgerichte (einschließlich der Schöffengerichte) in Strafsachen für Übertretungen und für alle, nicht nur die im bisherigen § 27 unter Nr. 2—7 bezeichneten Vergehen sowie nicht nur für die im bisherigen § 27 unter Nr. 7a, 8 bezeichneten, sondern auch noch für andere unter Nr. 3a, b, c aufgeführte Verbrechen. Von diesen Strafsachen werden dem Amtsrichter allein, ohne Zuziehung von Schöffen, zur Entscheidung zugewiesen: im § 25: Die Übertretungen und solche Vergehen, die auf Privatklage verfolgt werden (vgl. über die Vergehen, die im Wege der Privatklage verfolgt werden können, § 374 StPO. in der Fassung v. 22./3. 24, der mit Art. III Nr. 2 des RGes. z. Entlastung der Gerichte v. 11./3. 21 übereinstimmt) oder die mit einer Strafe von höchstens 6 Monaten bedroht sind oder hinsichtlich deren die Staatsanwaltschaft bzw. die vorbezeichnete Verwaltungsbehörde die Aburteilung durch den Amtsrichter allein beantragt; ferner im § 26 die dort bezeichneten Diebstahl-, Hehlerei- und Rückfallverbrechen bei Antrag der Staatsanwaltschaft, es sei denn, daß der Beschuldigte widerspricht. Die übrigen zur Zuständigkeit der Amtsgerichte gehörenden Strafsachen werden nach dem an die Stelle des bisherigen § 25 getretenen, auf § 10 Abs. 1 Ver. v. 4./1. 24 beruhenden § 28 vor den Schöffengerichten verhandelt und entschieden. Der bisherige § 26 ist zum § 29 geworden und hat auf Grund des § 10 Abs. 2, 3 Ver. v. 4./1. 24 zwei neue Absätze erhalten. Danach bestehen die Schöffengerichte in der Regel aus dem Amtsrichter als Vorsitzenden und zwei Schöffen. Auf Antrag der Staatsanwaltschaft bzw. der vorbezeichneten Verwaltungsbehörde ist aber ein zweiter Amtsrichter zuzuziehen, so daß dann das Schöffengericht mit zwei Amtsrichtern und zwei Schöffen besetzt ist (über die Abstimmung in diesem Falle s. § 196 unter Nr. 26); jedoch soll ein solcher Antrag nur gestellt werden, wenn die Zuziehung eines zweiten Amtsrichters nach Umfang und Bedeutung (beides muß vorliegen, insbesondere umfangreiche Beweisaufnahme und Bedeutsamkeit der Sache für die Strafrechtspflege) notwendig erscheint. Hierzu ist zu bemerken, daß für die Revision gegen die auf Berufung gegen Schöffengerichtsurteile ergangenen Urteile der großen Strafkammern (§ 76 Abs. 2, s. Nr. 12) die Oberlandesgerichte oder das Reichsgericht zuständig sind, je nachdem die Schöffengerichte ohne oder mit Zuziehung eines zweiten Amtsrichters erkannt haben (§ 121 Nr. 1c, § 135; s. Nr. 21, 22).

§ 24. (§§ 27, 29.) **In Strafsachen sind die Amtsgerichte zuständig für:**

1. **Übertretungen;**
2. **Vergehen;**
3. **folgende Verbrechen:**
   a) **die Verbrechen, die mit Gefängnis oder Festungshaft oder mit Zuchthaus von höchstens zehn Jahren allein oder in**

Verbindung mit anderen Strafen oder mit Nebenfolgen bedroht sind, soweit für sie nicht das Reichsgericht zuständig ist; ausgenommen sind die Verbrechen des Meineids in den Fällen der §§ 153 bis 155 des Strafgesetzbuchs. Für die Bestimmung der angedrohten Strafe bleibt der § 53 des Militärstrafgesetzbuchs außer Betracht;

b) die Verbrechen des Widerstandes im Falle des § 119, der Falschmünzerei in den Fällen der §§ 146, 147, 149, der Notzucht im Falle des § 177, des Rückfalldiebstahls im Falle des § 244, des Raubes in den Fällen der §§ 249, 250, des räuberischen Diebstahls und der räuberischen Erpressung in den Fällen der §§ 252 und 255, wenn die Strafe aus den §§ 249, 250 zu entnehmen ist, der Rückfallhehlerei im Falle des § 261 Abs. 1 und der schweren Körperverletzung im Amte im Falle des § 340 Abs. 2 des Strafgesetzbuchs;

c) die Verbrechen des militärischen Diebstahls im Falle des § 138 Abs. 2 des Militärstrafgesetzbuchs, des betrügerischen Bankrotts in den Fällen der §§ 239, 244 der Konkursordnung und der Unterschlagung fremder Wertpapiere in den Fällen der §§ 11, 12 Abs. 2 Nr. 2 des Gesetzes, betreffend die Pflichten der Kaufleute bei Aufbewahrung fremder Wertpapiere, vom 5. Juli 1896 (Reichsgesetzbl. S. 183, 194).

§ 25 (neu). Der Amtsrichter entscheidet allein:

1. bei Übertretungen;
2. bei Vergehen,
   a) wenn sie im Wege der Privatklage verfolgt werden;
   b) wenn die Tat mit keiner höheren Strafe als Gefängnis von höchstens sechs Monaten, allein oder in Verbindung mit anderen Strafen oder mit Nebenfolgen, bedroht ist;
   c) wenn die Staatsanwaltschaft es bei Einreichung der Anklageschrift oder, falls es einer Anklageschrift nicht bedarf, bei der mündlichen Erhebung der Anklage beantragt.

Die Staatsanwaltschaft soll den im Abs. 1 Nr. 2c bezeichneten Antrag nur stellen, wenn zu erwarten ist, daß auf keine schwerere Strafe als Gefängnis von höchstens einem Jahre, allein oder in Verbindung mit anderen Strafen oder mit Nebenfolgen, erkannt werden wird.

Erhebt bei Zuwiderhandlungen gegen die Vorschriften über die Erhebung öffentlicher Abgaben und Gefälle die Verwaltungsbehörde die öffentliche Klage, so kann sie den Antrag in gleicher Weise stellen wie die Staatsanwaltschaft.

§ 26 (neu). Der Amtsrichter allein entscheidet ferner bei den Verbrechen des schweren Diebstahls und der Hehlerei sowie bei solchen strafbaren Handlungen, die nur wegen Rückfalls Verbrechen

sind, wenn die Staatsanwaltschaft es bei Einreichung der Anklageschrift oder, falls es einer Anklageschrift nicht bedarf, bei der mündlichen Erhebung der Anklage beantragt.

Der Beschuldigte kann während der für die Erklärung auf die Anklageschrift gesetzten Frist oder, falls ohne schriftlich erhobene Anklage zur Hauptverhandlung geschritten wird, bis zum Beginne seiner Vernehmung zur Sache widersprechen. Er ist bei der Mitteilung der Anklageschrift oder, falls ohne schriftlich erhobene Anklage zur Hauptverhandlung geschritten wird, vor dem Beginne seiner Vernehmung zur Sache über sein Recht zum Widerspruche zu belehren.

§ 27. (§ 24.) Im übrigen wird die Zuständigkeit und der Geschäftskreis der Amtsgerichte durch die Vorschriften dieses Gesetzes und der Prozeßordnungen bestimmt.

Vierter Titel.

Schöffengerichte.

§ 28. (§ 25.) Für die Verhandlung und Entscheidung **der zur Zuständigkeit der Amtsgerichte gehörenden** Strafsachen werden, **soweit nicht der Amtsrichter allein entscheidet (§§ 25, 26),** bei den Amtsgerichten Schöffengerichte gebildet.

§ 29. (§ 26.) Die Schöffengerichte bestehen aus dem Amtsrichter als Vorsitzenden und zwei Schöffen. Mindestens ein Schöffe muß ein Mann sein.

Ein zweiter Amtsrichter ist zuzuziehen, falls die Staatsanwaltschaft es bei Einreichung der Anklageschrift beantragt. Die Staatsanwaltschaft soll den Antrag nur stellen, wenn die Zuziehung eines zweiten Amtsrichters nach Umfang und Bedeutung der Sache notwendig erscheint.

§ 25 Abs. 3 findet entsprechende Anwendung.

4. Die §§ 30—57, betreffend das Richteramt der Schöffen, ihre Befähigung dazu, ihre Auswahl (Urliste, Jahresliste), ihre Heranziehung zu den Sitzungen, ihre Beeidigung, ihre Enthebung wegen nachträglich eingetretener oder bekanntgewordener Unfähigkeit, ihre und der Vertrauenspersonen Entschädigung, ihre Bestrafung wegen unentschuldigten Ausbleibens, sind sachlich unverändert geblieben und haben die bisherigen Paragraphenzahlen behalten. Nur sind auf Grund § 43 Abs. 2 Ver. v. 4./1. 24 und der RVerf. v. 11./8. 19 im § 34 anstelle der Nr. 1, 2 gesetzt: „1. der Reichspräsident und der Präsident eines deutschen Landes; 2. die Mitglieder der Reichsregierung oder einer Landesregierung (Staatsministerium, Senat)", ferner im § 35 anstelle der Nr. 1 gesetzt: „1. Mitglieder des Reichstags, des Reichsrats, des Reichswirtschaftsrats und Landtags oder eines Staatsrats"; und sind weiter dem § 36 neue Absätze 3 und 4, betreffend die Ermächtigung der Landesjustizverwaltung zu Anordnungen über die Aufstellung der Urliste für die Schöffen, hinzugefügt auf Grund des RGes. z. Vereinfachung der Urliste v. 11./7. 23 (RGBl. I 647). Ferner sind im § 56 an Stelle der Worte „von fünf bis zu eintausend Mark" auf Grund Art. II Abs. 2 Ver. über Vermögensstrafen und Bußen v. .6/2. 24 (RGBl. I 44) gesetzt die Worte „in Geld", so daß die Ordnungsstrafe mindestens eine Goldmark und höchstens eintausend Goldmark nun beträgt.

§ 36. Der Vorsteher einer jeden Gemeinde oder eines landesgesetzlich der Gemeinde gleichstehenden Verbandes hat alljährlich ein Verzeichnis der in der Gemeinde wohnhaften Personen, welche zu dem Schöffenamte berufen werden können, aufzustellen (Urliste).

Die Urliste ist in der Gemeinde eine Woche lang zu jedermanns Einsicht auszulegen. Der Zeitpunkt der Auslegung ist vorher öffentlich bekanntzumachen.

Die Landesjustizverwaltung kann für eine Gemeinde anordnen:

a) daß in einer von der Landesjustizverwaltung im voraus bestimmten Reihenfolge in die Urliste für das einzelne Jahr ein nach den Anfangsbuchstaben der Namen oder der Straßen oder nach beiden Gesichtspunkten beschränkter Teil der Personen aufzunehmen ist, die zum Schöffenamte berufen werden können. Die Anordnung soll so getroffen werden, daß die aufzustellende Urliste mindestens die sechsfache Zahl der aus ihr auszuwählenden Personen umfaßt. Die Reihenfolge darf erst geändert werden, wenn sämtliche Anfangsbuchstaben durchlaufen worden sind. Ist eine Gemeinde in mehrere Amtsgerichtsbezirke geteilt, so kann die Anordnung auf die zu den einzelnen Bezirken gehörenden Teile der Gemeinde beschränkt werden;

b) daß der Auswahl der Schöffen ein für die Gemeinde anderweit aufgestelltes amtliches Verzeichnis der Einwohner zugrunde gelegt wird.

Im Falle des Abs. 3 Buchstabe a gilt die beschränkte Urliste, im Falle des Abs. 3 Buchstabe b das amtliche Verzeichnis als Urliste im Sinne dieses Gesetzes.

Der § 57a, betreffend die Ermächtigung der Landesjustizverwaltung, für den Bezirk mehrerer Amtsgerichte einem von ihnen die Entscheidung der Strafsachen zuzuweisen, ist unverändert geblieben, hat aber die Zahl 58 erhalten und sind ihm im Abs. 2 hinter „Verteilung der Zahl" die Worte „der Hauptschöffen" eingefügt.

5. Im Fünften Titel „Landgerichte" ist dem Abs. 1 des § 58, der die Zahl 59 erhalten hat (s. Nr. 4), auf Grund des § 5 Satz 1 Ver. v. 4./1. 24 der Satz: „Von der Ernennung eines Direktors kann abgesehen werden, wenn der Präsident den Vorsitz in den Kammern allein führen kann." hinzugefügt; die Ver. bezeichnet derartige Landgerichte ohne einen Direktor als „kleine Landgerichte". Ferner sind dem Abs. 2 auf Grund des § 4 Abs. 1 Ver. v. 4./1. 24 (s. Nr. 2) die Worte: „Die Direktoren und" vorangestellt, wonach auch die Direktoren gleichzeitig Amtsrichter im Bezirke des Landgerichts sein können.

§ 59. (§ 58.) Die Landgerichte werden mit einem Präsidenten und der erforderlichen Anzahl von Direktoren und Mitgliedern besetzt. **Von der Ernennung eines Direktors kann abgesehen werden, wenn der Präsident den Vorsitz in den Kammern allein führen kann.**

Die Direktoren und die Mitglieder können gleichzeitig Amtsrichter im Bezirke des Landgerichts sein.

6. Die §§ 59, 60 sind nicht verändert, nur haben sie die Zahlen 60, 61 erhalten (s. Nr. 4, 5). Im § 61, jetzt § 62, ist hinter Satz 1 der neue Satz: „Den Vorsitz in der kleinen Strafkammer (§ 76 Abs. 2) kann auch ein Mitglied des Landgerichts führen, das vom Präsidium für die Dauer eines Geschäftsjahrs bestimmt wird" auf Grund des § 11 Abs. 3 Ver. v. 4./1. 24 eingefügt und sind die bisherigen Sätze 2, 3 zum Abs. 2 geworden.

§ 62. (§ 61.) Den Vorsitz im Plenum führt der Präsident, den Vorsitz in den Kammern führen der Präsident und die Direktoren. **Den Vorsitz in der kleinen Strafkammer (§ 76 Abs. 2) kann auch ein Mitglied des Landgerichts führen, das vom Präsidium für die Dauer eines Geschäftsjahrs bestimmt wird.**

Vor Beginn des Geschäftsjahrs bestimmt der Präsident die Kammer, welcher er sich anschließt. Über die Verteilung des Vorsitzes in den übrigen Kammern entscheiden der Präsident und die Direktoren nach Stimmenmehrheit; im Falle der Stimmengleichheit gibt die Stimme des Präsidenten den Ausschlag.

7. § 62, jetzt § 63, unverändert. Im Abs. 2 des § 63, jetzt § 64, ist hinter Satz 1 der Halbsatz: „ist kein Direktor ernannt, so besteht das Präsidium aus dem Präsidenten und den beiden ältesten Mitgliedern." auf Grund des § 5 Satz 2 Ver. v. 4./1. 24 (kleine Landgerichte) eingefügt.

§ 64. (§ 63.) Die im vorstehenden Paragraphen bezeichneten Anordnungen erfolgen durch das Präsidium.

Das Präsidium wird durch den Präsidenten als Vorsitzenden, die Direktoren und das dem Dienstalter nach, bei gleichem Dienstalter das der Geburt nach älteste Mitglied gebildet; **ist kein Direktor ernannt, so besteht das Präsidium aus dem Präsidenten und den beiden ältesten Mitgliedern.** Das Präsidium entscheidet nach Stimmenmehrheit; im Falle der Stimmengleichheit gibt die Stimme des Präsidenten den Ausschlag.

8. § 64, jetzt § 65, unverändert. Im § 65, jetzt § 66, ist dem Abs. 1 der Satz: „Für den Vorsitzenden der kleinen Strafkammer bestimmt das Präsidium den regelmäßigen Vertreter vor Beginn des Geschäftsjahrs." und dem Abs. 2 der Satz: „Ist kein Direktor ernannt, so wird der Präsident, wenn nicht ein Mitglied des Landgerichts zu seinem ständigen Vertreter ernannt ist, durch das Mitglied vertreten, welches dem Dienstalter nach und bei gleichem Dienstalter der Geburt nach das älteste ist." auf Grund des § 11 Abs. 3 (s. Nr. 6) bzw. § 5 (s. Nr. 5) sowie der Ermächtigung im § 43 Abs. 1 (s. Nr. 29) Ver. v. 4./1. 24 hinzugefügt.

§ 66. (§ 65.) Im Falle der Verhinderung des ordentlichen Vorsitzenden führt den Vorsitz in der Kammer das Mitglied der Kammer, welches dem Dienstalter nach und bei gleichem Dienstalter der Geburt nach das älteste ist. **Für den Vorsitzenden der kleinen Strafkammer bestimmt das Präsidium den regelmäßigen Vertreter vor Beginn des Geschäftsjahrs.**

Der Präsident wird in seinen übrigen durch dieses Gesetz bestimmten Geschäften, wenn ein Direktor zu seinem ständigen Vertreter ernannt ist, durch diesen, sonst durch den Direktor vertreten, welcher dem Dienstalter nach und bei gleichem Dienstalter der Geburt nach der älteste ist. **Ist kein Direktor ernannt, so wird der Präsident, wenn nicht ein Mitglied des Landgerichts zu seinem ständigen Vertreter ernannt ist, durch das Mitglied vertreten, welches dem Dienstalter nach und bei gleichem Dienstalter der Geburt nach das älteste ist.**

9. Die §§ 66—69, jetzt §§ 67—70, sind nicht geändert; nur sind im § 67, jetzt § 68, die „§§ 61—66" ersetzt durch „§§ 62 bis 67" entsprechend der jetzigen Reihenfolge der Paragraphen. Im § 70, jetzt § 71, Abs. 2 Nr. 1 sind die Worte: „auf Grund des Gesetzes vom 1. Juni 1870 über die Abgaben von der Flößerei oder" gestrichen (vgl. § 451 Reichsabgabenordnung v. 13./12. 19) und an die Stelle der Worte: „Gesetzes über die Rechtsverhältnisse der Reichsbeamten vom 31. März 1873" gesetzt worden: „Reichsbeamtengesetzes" (vgl. Reichsbeamtengesetz v. 18./5. 07 in der Fassung der Personal-Abbau-Ver. v. 27./10. 23) auf Grund der Ermächtigung im § 43 Abs. 1 (s. Nr. 29) Ver. v. 4./1. 24.

§ 71. (§ 70.) Vor die Zivilkammern, einschließlich der Kammern für Handelssachen, gehören alle bürgerlichen Rechtsstreitigkeiten, welche nicht den Amtsgerichten zugewiesen sind.

Die Landgerichte sind ohne Rücksicht auf den Wert des Streitgegenstandes ausschließlich zuständig:

1. für die Ansprüche, welche auf Grund des **Reichsbeamtengesetzes** gegen den Reichsfiskus erhoben werden;
2. für die Ansprüche gegen Reichsbeamte wegen Überschreitung ihrer amtlichen Befugnisse oder wegen pflichtwidriger Unterlassung von Amtshandlungen.

Der Landesgesetzgebung bleibt überlassen, Ansprüche der Staatsbeamten gegen den Staat aus ihrem Dienstverhältnisse, Ansprüche gegen den Staat wegen Verfügungen der Verwaltungsbehörden, wegen Verschuldung von Staatsbeamten und wegen Aufhebung von Privilegien, Ansprüche gegen Beamte wegen Überschreitung ihrer amtlichen Befugnisse oder wegen pflicht widriger Unterlassung von Amtshandlungen sowie Ansprüche in betreff öffentlicher Abgaben ohne Rücksicht auf den Wert des Streitgegenstandes den Landgerichten ausschließlich zuzuweisen.

10. § 71, jetzt § 72, unverändert. Im § 72, jetzt 73, Abs. 1 sind zwischen dem Wort „Entscheidungen" und den Worten „der Schöffengerichte" eingefügt die Worte „des Amtsrichters und" mit Rücksicht auf die Fälle, in denen der Amtsrichter allein, ohne Zuziehung von Schöffen, entscheidet (§§ 25, 26; s. Nr. 3), und sind zwischen den Worten „Zuständigkeit" und des „Reichsgerichts" die Worte „der Oberlandesgerichte und" mit Rücksicht auf die Zuständigkeitsbestimmungen für die Oberlandesgerichte in § 120 (erste und letzte Instanz), § 121 Nr. 2 (Beschwerdeinstanz) (s. Nr. 21) eingefügt, auf Grund der Ermächtigung in § 43 Abs. 1 (s. Nr. 29) Ver. v. 4./1. 24.

§ 73. (§ 70.) Die Strafkammern sind zuständig für die die Voruntersuchung und deren Ergebnisse betreffenden Entscheidungen, welche nach den Vorschriften der Strafprozeßordnung von dem Gerichte zu erlassen sind; sie entscheiden über Beschwerden gegen Verfügungen des Untersuchungsrichters und des Amtsrichters sowie gegen Entscheidungen **des Amtsrichters und** der Schöffengerichte. Die Bestimmungen über die Zuständigkeit **der Oberlandesgerichte und** des Reichsgerichts werden hierdurch nicht berührt.

Die Strafkammern erledigen außerdem die in der Strafprozeßordnung den Landgerichten zugewiesenen Geschäfte.

11. Die §§ 73, 74, betreffend die Zuständigkeit der Strafkammern als erkennende Gerichte erster Instanz, sind gestrichen, weil die Strafkammern jetzt nur noch in der Berufungsinstanz erkennende Gerichte sind und für sie als erkennende Gerichte erster Instanz die Schwurgerichte (große Schöffengerichte) getreten sind

(§ 80, s. Nr. 15). Der § 75 war bereits durch Art. I 8 RGes. zur Entlastung der Gerichte v. 11./3. 21 gestrichen. Demgemäß hat der § 76 die Zahl 74 erhalten und ist in ihm das Wort „ferner" vor „zuständig" gestrichen. Weiter sind hinter dem Wort „Urteile" die Worte „des Amtsrichters und" eingefügt auf Grund des § 11 Abs. 1, 2 Ver. v. 4./1. 24, wonach die Berufung gegen die Urteile, die der Amtsrichter allein, ohne Zuziehung der Schöffen, erlassen hat (§§ 25, 26; s. Nr. 3), an die (kleine) Strafkammer (§ 76, s. Nr. 12) geht.

§ 74. (§ 76.) **Die Strafkammern sind als erkennende Gerichte zuständig für die Verhandlung und Entscheidung über das Rechtsmittel der Berufung gegen die Urteile des Amtsrichters und des Schöffengerichts.**

12. Der bisherige, die Besetzung der Zivilkammern in erster und zweiter Instanz (stets drei Mitglieder) und der Strafkammern in erster Instanz (außerhalb der Hauptverhandlung drei, in der Hauptverhandlung fünf Mitglieder) und in der Instanz der Berufung (außerhalb der Hauptverhandlung drei; in der Hauptverhandlung fünf, aber bei Übertretungen und in den Fällen der Privatklage nur drei Mitglieder) betreffende § 77: „Die Kammern entscheiden in der Besetzung von drei Mitgliedern mit Einschluß des Vorsitzenden. Die Strafkammern sind in der Hauptverhandlung mit fünf Mitgliedern, in der Berufungsinstanz bei Übertretungen und in den Fällen der Privatklage aber mit drei Mitgliedern einschließlich des Vorsitzenden zu besetzen." ist in die zwei §§ 75 und 76 geteilt. Der § 75 bestimmt, wie bisher § 77, daß die Zivilkammern mit drei Mitgliedern (sowohl in erster wie in zweiter Instanz) besetzt sind. Jedoch ist mit Rücksicht darauf, daß in dem in den §§ 348ff. ZPO. neu geregelten „Verfahren vor dem Einzelrichter" (s. Abschnitt II Nr. 43) diesem die im § 349 Abs. 1 unter Nr. 1—5 und im Abs. 2 aufgeführten Entscheidungen zustehen, auf Grund des Art. I Nr. 1 Ver. v. 13./2. 24 und der Ermächtigung im § 43 Abs. 1 Ver. v. 4./1. 24 (s. Nr. 29) der Halbsatz: „soweit nicht nach den Vorschriften der Prozeßgesetze an Stelle der Kammer der Einzelrichter zu entscheiden hat" eingefügt. Die Mitglieder der Zivilkammern sind, wie bisher, stets Richter. Dagegen sind nach § 76 die Strafkammern, die jetzt als erkennende Gerichte nicht auch in der ersten, sondern nur in der Berufungsinstanz zu entscheiden haben (s. Nr. 11), mit einem Richter (dem Vorsitzenden) und zwei Schöffen (kleine Strafkammer) oder mit drei Richtern und zwei Schöffen (große Strafkammer) in der Hauptverhandlung besetzt, je nachdem sich die Berufung gegen ein Urteil des Amtsrichters (wenn dieser in den Fällen der §§ 25, 26 [s. Nr. 3] allein, ohne Zuziehung der Schöffen, entschieden hat) oder gegen ein Urteil des Schöffengerichts (§ 28, s. Nr. 3) richtet; § 76 beruht auf § 11 Abs. 2 Ver. v. 4./1. 24.

§ 75. (§ 77.) **Die Zivilkammern sind, soweit nicht nach den Vorschriften der Prozeßgesetze an Stelle der Kammer der Einzelrichter zu entscheiden hat, mit drei Mitgliedern einschließlich des Vorsitzenden besetzt.**

§ 76. (§ 77.) **Die Strafkammern entscheiden außerhalb der Hauptverhandlung in der Besetzung von drei Mitgliedern mit Einschluß des Vorsitzenden.**

In der Hauptverhandlung ist die Strafkammer besetzt:

mit dem Vorsitzenden und zwei Schöffen (kleine Strafkammer), wenn sich die Berufung gegen ein Urteil des Amtsrichters richtet;

mit drei Richtern mit Einschluß des Vorsitzenden und zwei Schöffen (große Strafkammer), wenn sich die Berufung gegen ein Urteil des Schöffengerichts richtet.

13. Vor dem § 78 ist der neue § 77 eingestellt. Dessen Abs. 1, 2, 3 entsprechen den Abs. 1, 2, 3 des § 18 Ver. v. 4./1. 24; sie geben Sonderbestimmungen für die Auswahl und die Reihenfolge der Einberufungen der Haupt- und Hilfsschöffen der Strafkammern. Der Abs. 4 gibt den bisherigen, den Umfang der Einberufungen als Geschworener und als Schöffe während eines Geschäftsjahrs betreffenden § 97 wieder; nur ist an Stelle von „Geschworener" gesetzt worden „Schöffe für die Strafkammer" und zu „Schöffe" hinzugefügt „für das Schöffengericht". Der bisherige § 97 ist aber auch wörtlich, also für Geschworene und Schöffen allgemein, in dem jetzigen § 90 beibehalten, so daß die Bestimmung des bisherigen § 97 doppelt jetzt erscheint, einmal für Schöffengericht-Schöffen und Strafkammer-Schöffen und sodann für Geschworene und alle Schöffen.

§ 77 (neu). **Für die Schöffen der Strafkammer gelten entsprechend die Vorschriften über die Schöffen des Schöffengerichts mit folgender Maßgabe:**

Die Landesjustizverwaltung verteilt die Zahl der erforderlichen Hauptschöffen auf die zum Bezirke des Landgerichts gehörenden Amtsgerichtsbezirke. Die Hilfsschöffen wählt der Ausschuß bei dem Amtsgericht, in dessen Bezirk das Landgericht seinen Sitz hat. Hat das Landgericht seinen Sitz außerhalb seines Bezirkes, so bestimmt die Landesjustizverwaltung, welcher Ausschuß der zum Bezirke des Landgerichts gehörigen Amtsgerichte die Hilfsschöffen wählt. Die Namen der gewählten Hauptschöffen und der Hilfsschöffen werden von dem Amtsrichter dem Landgerichtspräsidenten mitgeteilt. Der Landgerichtspräsident stellt die Namen der Hauptschöffen zur Jahresliste der Hauptschöffen zusammen.

An die Stelle des Amtsrichters tritt für die Auslosung der Reihenfolge, in der die Hauptschöffen an den einzelnen ordentlichen Sitzungen der Strafkammer teilnehmen, und für die Streichung eines Schöffen von der Jahresliste des Landgerichts der Landgerichtspräsident; im übrigen tritt an die Stelle des Amtsrichters der Vorsitzende der Strafkammer.

Niemand soll für dasselbe Geschäftsjahr zugleich als **Schöffe für das Schöffengericht und für die Strafkammer** bestimmt werden. Ist dies dennoch geschehen, oder ist jemand für dasselbe Geschäftsjahr in mehreren Bezirken zu diesen Ämtern bestimmt worden, so hat der Einberufene das Amt zu übernehmen, zu welchem er zuerst einberufen wird.

14. Dem die Bildung von Strafkammern bei Amtsgerichten betreffenden § 78 ist auf Grund von Abs. 4, 5 des § 18 Ver. v. 4./1. 24 ein neuer Abs. 3 hinzugefügt, der für die Haupt- und Hilfsschöffen solcher auswärtiger Strafkammern abweichende Bestimmungen von § 77 Abs. 1, 2, 3 (s. Nr. 13) trifft.

§ 78. Durch Anordnung der Landesjustizverwaltung kann wegen großer Entfernung des Landgerichtssitzes bei einem Amtsgerichte für den Bezirk eines oder mehrerer Amtsgerichte eine Strafkammer gebildet und ihr für diesen Bezirk die gesamte Tätigkeit der Strafkammer des Landgerichts oder ein Teil dieser Tätigkeit zugewiesen werden.

Die Besetzung einer solchen Strafkammer erfolgt aus Mitgliedern des Landgerichts oder Amtsrichtern des Bezirkes, für welchen die Kammer gebildet wird. Der Vorsitzende wird ständig, die Amtsrichter werden a uf di

Dauer des Geschäftsjahrs durch die Landesjustizverwaltung berufen, die übrigen Mitglieder werden nach Maßgabe des § 63 durch das Präsidium des Landgerichts bezeichnet.

Die Landesjustizverwaltung verteilt die Zahl der erforderlichen Hauptschöffen auf die zum Bezirke der Strafkammer gehörenden Amtsgerichtsbezirke. Die Hilfsschöffen wählt der Ausschuß bei dem Amtsgerichte, bei dem die auswärtige Strafkammer gebildet worden ist. Die im § 77 dem Landgerichtspräsidenten zugewiesenen Geschäfte nimmt der Vorsitzende der Strafkammer wahr.

15. Im Sechsten Titel „Schwurgerichte" ist § 79 unverändert; nur ist an Stelle von „periodisch" (treten Schwurgerichte bei den Landgerichten zusammen) gesetzt „nach Bedarf". Im § 80 sind auf Grund des § 14 Ver. v. 4./1. 24 an die Stelle der Worte „zur Zuständigkeit der Strafkammern oder des Reichsgerichts" gesetzt die Worte „vor das Reichsgericht oder vor das Amtsgericht", und im § 81 auf Grund des § 12 Abs. 1 Ver. v. 4./1. 24 an die Stelle der Worte „aus zwölf zur Entscheidung der Schuldfrage berufenen" das Wort „sechs". Ferner sind die Vorschriften des § 82: „Die Entscheidungen, welche nach den Vorschriften dieses Gesetzes oder der Strafprozeßordnung von dem erkennenden Gerichte zu erlassen sind, erfolgen in den bei den Schwurgerichten anhängigen Sachen durch die richterlichen Mitglieder des Schwurgerichts. Werden diese Entscheidungen außerhalb der Dauer der Sitzungsperiode erforderlich, so erfolgen sie durch die Strafkammern der Landgerichte." auf Grund des § 12 Abs. 2, 3 Ver. v. 4./1. 24 durch neue Bestimmungen über die Art und Weise der Entscheidungen der vor die Schwurgerichte gehörenden Sachen ersetzt. Danach sind die jetzt mit drei Richtern und sechs als Geschworene bezeichneten Schöffen besetzten großen Schöffengerichte, die von den früheren mit drei richterlichen Mitgliedern und zwölf Geschworenen besetzten Schwurgerichten diesen Namen überkommen haben, als erstinstanzliche Gerichte für die Strafsachen (Verbrechen) zuständig, welche nicht vor die Amtsgerichte (§ 24, s. Nr. 3) oder das Reichsgericht (§ 134, s. Nr. 22) in erster Instanz gehören, während die jetzt mit einem oder drei Richtern und zwei Schöffen besetzten Strafkammern (kleine und große Strafkammern) als erkennende Gerichte nur in der Berufungsinstanz (über Urteile des Amtsrichters bzw. des Schöffengerichts) zu entscheiden haben, und haben bei den jetzigen Schwurgerichten die richterlichen Mitglieder und die sechs Geschworenen (wie bei den Schöffengerichten und Strafkammern die Richter und Schöffen) gemeinschaftlich über die Schuld- und Straffrage zu entscheiden, während bei den früheren Schwurgerichten die zwölf Geschworenen über die Schuldfrage, die richterlichen Mitglieder über die Straffrage getrennt voneinander zu entscheiden hatten; außerhalb der Hauptverhandlung entscheiden über die vor die Schwurgerichte gehörenden Sachen während der Tagung („Sitzungsperiode" früher genannt) des Schwurgerichts dessen richterliche Mitglieder, außerhalb der Tagung die Strafkammer (in der Besetzung von drei Richtern, s. § 76 Abs. 1).

§ 80. Die Schwurgerichte sind zuständig für die Verbrechen, welche nicht **vor das Reichsgericht oder vor das Amtsgericht** gehören.

§ 81. Das Schwurgericht besteht aus drei Richtern mit Einschluß des Vorsitzenden und **sechs** Geschworenen.

§ 82. Die Richter und die Geschworenen entscheiden über die Schuld- und Straffrage gemeinschaftlich; während der Hauptverhandlung üben die Geschworenen das Richteramt im gleichen Umfang wie die Schöffen aus.

Außerhalb der Hauptverhandlung entscheiden während der **Tagung** die richterlichen Mitglieder des Schwurgerichts; außerhalb der **Tagung** entscheidet die Strafkammer des Landgerichts.

16. Der bisherige und der jetzige § 83 Abs. 1, 2 stimmen darin überein, daß die Ernennung des Schwurgerichtsvorsitzenden durch den Oberlandesgerichtspräsidenten, die Bestellung des stellvertretenden Vorsitzenden und der übrigen richterlichen Mitglieder durch den Landgerichtspräsidenten erfolgt. Während aber bisher die Ernennungen für jede Sitzungsperiode des Schwurgerichts zu erfolgen hatten, enthalten die jetzigen Abs. 1, 2 auf Grund des § 13 Abs. 1 Satz 1 Ver. v. 4./1. 24 die Bestimmung, daß die Ernennungen schon vor Beginn des Geschäftsjahrs für jede Tagung des Schwurgerichts vorzunehmen sind. Ferner konnten bisher nur Mitglieder des Oberlandesgerichts oder Mitglieder der Landgerichte im Oberlandesgerichtsbezirk zu Vorsitzenden und nur Mitglieder des betreffenden Landgerichts zu stellvertretenden Vorsitzenden und Beisitzern ernannt werden; jetzt ist auf Grund des § 13 Satz 2 Ver. v. 4./1. 24 bestimmt, daß auch Amtsrichter im Oberlandesgerichtsbezirk zu Vorsitzenden und Amtsrichter im Bezirke des Schwurgerichts zu stellvertretenden Vorsitzenden und zu Beisitzern ernannt werden können. Weiter ist vor dem bisherigen Abs. 3, der nun zum Abs. 4 geworden ist, auf Grund des § 13 Abs. 2 Ver. v. 4./1. 24 ein neuer Abs. 3 eingefügt, wonach Bestimmung über die Ernennung der Mitglieder und Stellvertreter für den Fall getroffen ist, daß im Laufe des Geschäftsjahrs eine Schwurgerichtstagung erforderlich wird, für die noch nicht richterliche Mitglieder (vor Beginn des Geschäftsjahrs) bestellt worden sind. Endlich sind auf Grund der Ermächtigung im § 43 Abs. 2 Ver. v. 4./1. 24 (s. Nr. 29) im jetzigen Abs. 4 die Worte „in diesem Gesetze und" eingefügt und ihm der Satz: „Das gleiche gilt, nachdem die Tagung geschlossen ist." bezüglich der Befugnisse des Vorsitzenden der Strafkammer (s. § 76) hinzugefügt.

§ 83. **Vor Beginn des Geschäftsjahrs** ernennt der Präsident des Oberlandesgerichts für jede **Tagung** des Schwurgerichts aus der Zahl der Mitglieder des Oberlandesgerichts **oder** der **in seinem Bezirk angestellten Richter** einen Vorsitzenden des Schwurgerichts.

In gleicher Weise ernennt der Präsident des Landgerichts **für jede Tagung des Schwurgerichts** aus der Zahl der Mitglieder des Landgerichts **und der in seinem Bezirk angestellten Amtsrichter** einen Stellvertreter des Vorsitzenden, die übrigen richterlichen Mitglieder **und ihre Stellvertreter.**

Wird im Laufe des Geschäftsjahrs eine Schwurgerichtstagung erforderlich, für die richterliche Mitglieder nicht ernannt worden sind, so können sie nachträglich ernannt werden. Ebenso können nachträglich Stellvertreter ernannt werden, wenn eine Vertretung erforderlich wird und die regelmäßigen Vertreter verhindert sind.

Solange **noch nicht bestimmt ist, wann das Schwurgericht zusammentritt,** erledigt der Vorsitzende der Strafkammer des Landgerichts die **in diesem Gesetze und** in der Strafprozeßordnung dem Vorsitzenden zugewiesenen Geschäfte. **Das gleiche gilt, nachdem die Tagung geschlossen ist.**

17. Die bisherigen §§ 84—94, 96, betreffend das Richteramt der Geschworenen, ihre Befähigung hierzu, die Urliste, die Vorschlagsliste und die Spruchliste für sie, ihre Geltendmachung von Ablehnungs- und Hinderungsgründen sowie ihre Vergütung der Reisekosten und Tagegelder und ihre Bestrafung wegen unentschuldigten Ausbleibens, sind auf Grund der Abs. 1—5 des § 19 Ver. v. 4./1. 24 ersetzt durch die §§ 84—88, von denen der § 84 Abs. 1 die auf die Schöffen bezüglichen Vorschriften der §§ 31—57 (s. Nr. 4) und des § 77 (s. Nr. 13) auf die Geschworenen für entsprechend anwendbar erklärt mit den Maßgaben, die sich aus dem Abs. 2 des § 84 und den §§ 85—88 sowie den §§ 89, 90 (s. Nr. 18) ergeben.

§ 84 (neu). **Für die Geschworenen gelten die auf die Schöffen bezüglichen Vorschriften der §§ 31 bis 57, 77 entsprechend mit den sich aus dem Abs. 2 und den §§ 85 bis 90 ergebenden Maßgaben.**

Mindestens die Hälte der zu einer Tagung heranzuziehenden Geschworenen müssen Männer sein.

§ 85 (neu). **Die Zahl der Hauptgeschworenen ist so zu bestimmen, daß voraussichtlich jeder Hauptgeschworene nur zu einer Tagung des Schwurgerichts im Geschäftsjahr herangezogen wird.**

§ 86 (neu). **Die Reihenfolge, in der die Hauptgeschworenen an den Tagungen des Schwurgerichts teilnehmen, wird für das ganze Geschäftsjahr im voraus durch Auslosung bestimmt; der Präsident des Landgerichts setzt die Geschworenen von der Auslosung mit dem Hinzufügen in Kenntnis, daß ihnen darüber, ob und zu welchem Tage sie einberufen werden, eine weitere Nachricht zugehen werde.**

§ 87 (neu). **Der Präsident des Landgerichts bestimmt, wann das Schwurgericht zusammentritt, und ordnet die Einberufung der Hauptgeschworenen für die einzelne Tagung nach der Reihenfolge ihrer Auslosung an; zwischen der Zustellung der Ladung und dem Beginne der Tagung soll eine Frist von zwei Wochen liegen.**

§ 88 (neu). **Der Präsident des Landgerichts entscheidet über die von den Geschworenen vorgebrachten Ablehnungsgründe sowie darüber, ob ein Geschworener ferner zur Dienstleistung heranzuziehen ist.**

18. Der den Fall der Erstreckung der Sitzungen des Schwurgerichts über das Ende des Geschäftsjahrs hinaus betreffende § 95, der jetzt die Zahl 89 erhalten hat, ist nur insofern geändert, als an die Stelle von „Sitzungsperiode" gesetzt ist „Tagung". Der bereits in Nr. 13 erwähnte § 97 ist nicht geändert; er hat nur die Zahl 90 erhalten. Der Abs. 1 des die Abhaltung einzelner Sitzungen des Schwurgerichts an einem anderen Orte als am Sitze des Landgerichts betreffenden § 98, der jetzt die Zahl 91 erhalten hat, ist nicht geändert. Der Abs. 2: „In diesem Falle wird für diese Sitzungen von dem Landgerichte eine besondere Liste von Hilfsgeschworenen gebildet." hat dagegen auf Grund des Abs. 7 Satz 3 des § 19 Ver. v. 4./1. 24 eine andere Fassung erhalten, wonach, wenn die zunächst berufenen Geschworenen nicht zugezogen werden können, die Hilfsschöffen des Schöffengerichts des Sitzungsortes nach Maßgabe des § 49 (Zuziehung anderer als der zunächst berufenen Schöffen zu einzelnen Schöffengerichtssitzungen) heranzuziehen sind.

§ 91. (§ 98.) Die Strafkammer des Landgerichts kann bestimmen, daß einzelne Sitzungen des Schwurgerichts nicht am Sitze des Landgerichts, sondern an einem anderen Orte innerhalb des Schwurgerichtsbezirkes abzuhalten seien.

Wird in einem solchen Falle die Zuziehung anderer als der zunächst berufenen Geschworenen erforderlich, so werden die Hilfsschöffen des für den Sitzungsort zuständigen Schöffengerichts nach Maßgabe des § 49 herangezogen.

19. Die Abs. 1, 2, 3 des die Zusammenlegung der Bezirke mehrerer Landgerichte zu einem Schwurgerichtsbezirke betreffenden § 99, der jetzt die Zahl 92 erhalten hat, sind nicht geändert, nur sind im Abs. 2 an die Stelle der „§§ 82—98“ gesetzt die entsprechenden jetzigen „§§ 82 bis 91“. Es ist aber auf Grund des Abs. 7 Satz 1 des § 19 Ver. v. 4./1. 24 ein Abs. 4 hinzugefügt, wonach die Zahl der für dieses die mehreren Landgerichtsbezirke umfassende Schwurgericht erforderlichen Hauptgeschworenen auf sämtliche Amtsgerichte des ganzen Schwurgerichtsbezirkes verteilt wird.

§ 92. (§ 99.) **Die Landesjustizverwaltung kann bestimmen, daß die Bezirke mehrerer Landgerichte zu einem Schwurgerichtsbezirke zusammengelegt und die Sitzungen des Schwurgerichts bei einem der Landgerichte abgehalten werden.**

In diesem Falle hat das Landgericht, bei welchem die Sitzungen des Schwurgerichts abgehalten werden, und dessen Präsident die ihnen in den §§ 82 bis 91 zugewiesenen Geschäfte für den Umfang des Schwurgerichtsbezirkes wahrzunehmen.

Die Mitglieder des Schwurgerichts mit Einschluß des Stellvertreters des Vorsitzenden können aus der Zahl der im Bezirke des Schwurgerichts angestellten Richter bestimmt werden.

Die Zahl der erforderlichen Hauptgeschworenen wird auf sämtliche Amtsgerichte des Schwurgerichtsbezirkes verteilt.

20. Die §§ 100, 100a—105, 105a—108, 108a—118 des Siebenten Titels „Kammern für Handelssachen“ haben die Zahlen 93, 94—99, 100—103, 104—114 erhalten. Die §§ 100, 100a (jetzt 93, 94), 103, 104 (jetzt 97, 98), 106, 107 (jetzt 101, 102), 112—118 (jetzt 108—114) sind gänzlich unverändert geblieben. In den §§ 105, 105a, 108, 108a, 110 (jetzt §§ 99, 100, 103, 104, 106) sind nur die in Bezug genommenen Paragraphen des GVG. mit den jetzigen Paragraphenzahlen bezeichnet, und zwar: § 105 (99) Abs. 2: früher „§ 103 Abs. 2“ jetzt „§ 97 Abs. 2“; § 105a (100): früher „§§ 102 bis 105“ jetzt „§§ 96 bis 99“; § 108 (103): früher „§§ 100a, 101“ jetzt „§§ 94, 95“; § 108a (104): früher „§ 107 Satz 1, 2“ jetzt „§ 102 Satz 1, 2“; § 110 (106); früher „§ 100 Abs. 2“ jetzt „§ 93 Abs. 2“. Sachliche Änderungen haben nur die §§ 101, 102, 109, 111 (jetzt §§ 95, 96, 105, 107) erfahren. Im § 101 (§ 95) ist auf Grund des Scheckgesetzes v. 11./3. 08 (RGBl. 71) und der Ermächtigung im § 43 Abs. 1 (s. Nr. 29) Ver. v. 4./1. 24 als Nr. 3 eingefügt „auf Grund des Scheckgesetzes“, so daß die bisherigen Nr. 3—5 zu Nr. 4—6 geworden sind, und ist die bisherige Nr. 6: „aus dem Reichsstempelgesetze (Reichs-Gesetzbl. 1906 S. 695) in Beziehung auf die Verpflichtung zur Entrichtung der in diesem Gesetze festgestellten Abgaben“ gestrichen (vgl. § 451 Reichsabgabenordnung v. 13./12. 19). Der Abs. 2 des § 102 (§ 96) hat auf Grund Art. I Nr. 2 Ver. v. 13./2. 24 und der Ermächtigung im § 43 Abs. 1 (s. Nr. 29) Ver. v. 4./1. 24 mit Rücksicht darauf, daß der bisherige § 505 ZPO. gemäß Art. II der zuerst genannten Verordnung durch § 276 in neuer Fassung ersetzt ist (s. Abschnitt II Nr. 25), eine andere Fassung insofern erhalten, als an die Stelle der Worte „In den Fällen der §§ 505, 506 der Zivilprozeßordnung“ gesetzt worden sind die Worte „Ist ein Rechtsstreit nach den Vorschriften der §§ 276, 506 der Zivilprozeßordnung an das Landgericht zu verweisen, so“. Der § 109 (§ 105) Abs. 1 hat auf Grund des Art. I Nr. 1 Ver. v. 13./2. 24 und der Ermächtigung im § 43 Abs. 1 (s. Nr. 29) Ver. v. 4./1. 24 mit Rücksicht darauf, daß in dem in den §§ 348ff. ZPO. neu geregelten, auch in den vor die Kammern für Handelssachen gehörigen Sachen Anwendung findenden „Verfahren vor dem Einzelrichter“ (s. Abschnitt II Nr. 43) diesem die im § 349 Abs. 1 unter Nr. 1—5 und im Abs. 2 aufgeführten Entscheidungen zustehen, den Zusatz erhalten: „soweit nicht nach den Vorschriften der Prozeßgesetze an Stelle der Kammer der Einzelrichter zu entscheiden hat“. Dem § 111 (§ 107) sind auf Grund der Ermächtigung im § 43 Abs. 1 (s. Nr. 29) Ver. v. 4./1. 24 die Absätze 2, 3 über die Vergütung der Fahrkosten und Tagegelder der Handelsrichter hinzugefügt.

§ 95. (§ 101.) Handelssachen im Sinne dieses Gesetzes sind die bürgerlichen Rechtsstreitigkeiten, in welchen durch die Klage ein Anspruch geltend gemacht wird:

1. gegen einen Kaufmann im Sinne des Handelsgesetzbuchs aus Geschäften, welche für beide Teile Handelsgeschäfte sind;
2. aus einem Wechsel im Sinne der Wechselordnung oder aus einer der im § 363 des Handelsgesetzbuchs bezeichneten Urkunden;
3. **auf Grund des Scheckgesetzes;**
4. aus einem der nachstehend bezeichneten Rechtsverhältnisse:
   a) aus dem Rechtsverhältnisse zwischen den Mitgliedern einer Handelsgesellschaft oder zwischen dieser und ihren Mitgliedern oder zwischen dem stillen Gesellschafter und dem Inhaber des Handelsgeschäfts, sowohl während des Bestehens als auch nach Auflösung des Gesellschaftsverhältnisses, ingleichen aus dem Rechtsverhältnisse zwischen den Vorstehern oder den Liquidatoren einer Handelsgesellschaft und der Gesellschaft oder deren Mitgliedern;
   b) aus dem Rechtsverhältnisse, welches das Recht zum Gebrauche der Handelsfirma betrifft;
   c) aus den Rechtsverhältnissen, welche sich auf den Schutz der Warenbezeichnungen, Muster und Modelle beziehen;
   d) aus dem Rechtsverhältnisse, welches durch den Erwerb eines bestehenden Handelsgeschäfts unter Lebenden zwischen dem bisherigen Inhaber und dem Erwerber entsteht;
   e) aus dem Rechtsverhältnisse zwischen einem Dritten und dem, welcher wegen mangelnden Nachweises der Prokura oder Handlungsvollmacht haftet;
   f) aus den Rechtsverhältnissen des Seerechts oder des Rechtes der Binnenschiffahrt, insbesondere aus denen, welche sich auf die Reederei, auf die Rechte und Pflichten des Reeders oder Schiffseigners, des Korrespondentreeders und der Schiffsbesatzung, au die Bodmerei und die Haverei, auf den Schadensersatz im Falle des Zusammenstoßes von Schiffen, auf die Bergung und Hilfeleistung und auf die Ansprüche der Schiffsgläubiger beziehen;
5. auf Grund des Gesetzes gegen den unlauteren Wettbewerb vom 7. Juni 1909 (Reichsgesetzbl. S. 499);
6. **aus den §§ 45 bis 48 des Börsengesetzes (Reichsgesetzbl. 1908 S. 215).**

§ 96. (§ 102.) Die Verhandlung des Rechtsstreits erfolgt vor der Kammer für Handelssachen, wenn der Kläger dies in der Klageschrift beantragt hat.

Ist ein Rechtsstreit nach den Vorschriften der §§ 276, 506 der Zivilprozeßordnung vom Amtsgericht an das Landgericht zu verweisen, so hat der Kläger den Antrag auf Verhandlung vor der Kammer für Handelssachen in der mündlichen Verhandlung vor dem Amtsgerichte zu stellen.

§ 105. (§ 109.) Die Kammern für Handelssachen entscheiden in der Besetzung mit einem Mitglied des Landgerichts als Vorsitzenden und zwei Handelsrichtern, **soweit nicht nach den Vorschriften der Prozeßgesetze an Stelle der Kammer der Einzelrichter zu entscheiden hat.**

Sämtliche Mitglieder der Kammer für Handelssachen haben gleiches Stimmrecht.

In Streitigkeiten, welche sich auf das Rechtsverhältnis zwischen Reeder oder Schiffer und Schiffsmannschaft beziehen, kann die Entscheidung in erster Instanz durch den Vorsitzenden allein erfolgen.

§ 107. (§ 111.) Das Amt der Handelsrichter ist ein Ehrenamt.

Die Handelsrichter, die weder ihren Wohnsitz noch ihre gewerbliche Niederlassung am Sitze der Kammer für Handelssachen haben, erhalten Tage- und Übernachtungsgelder sowie Ersatz der verauslagten Fahrkosten nach den für die Reichsbeamten der Stufe III (§ 2 Abs. 2 der Reisekostenverordnung für die Reichsbeamten, Reichsgesetzbl. 1921 S. 1345, 1923 I S. 981) geltenden Vorschriften.

Handelsrichtern, die ihren Wohnsitz oder ihre gewerbliche Niederlassung am Sitze der Kammer für Handelssachen haben, werden die notwendigen Fahrkosten erstattet, wenn ihr Weg zum Gerichte mehr als zwei Kilometer beträgt.

21. Die §§ 119—124 des Achten Titels „Oberlandesgerichte" haben die Zahlen 115—122 erhalten. Die §§ 119, 120, 122 (jetzt §§ 115, 116, 118) sind gänzlich unverändert; im § 121 (jetzt § 117) sind nur die in Bezug genommenen „§§ 61—68" gemäß der jetzigen Reihenfolge der Paragraphen ersetzt durch „§§ 62 bis 69". Der bisherige § 123 bestimmte die Zuständigkeit der Oberlandesgerichte in bürgerlichen Rechtsstreitigkeiten und in Strafsachen insgesamt, und zwar in ersterer Hinsicht unter Nr. 1 und 4 (Berufung und Beschwerde gegen Entscheidungen der Landgerichte), in letzterer Hinsicht unter Nr. 2, 3, 5 (Revision gegen Urteile der Strafkammern: in der Berufungsinstanz, in der ersten Instanz bei Verletzung landesgesetzlicher Vorschriften, und Beschwerde: gegen erstinstanzliche Entscheidungen bei Nichtzuständigkeit der Strafkammern, gegen Entscheidungen der Strafkammern in der Beschwerde- und der Berufungsinstanz). Jetzt sind die Zuständigkeitsbestimmungen in drei gesonderten Paragraphen gegeben. § 119 gibt die bisherigen Bestimmungen über die Zuständigkeit in bürgerlichen Rechtsstreitigkeiten wieder. Der auf Grund des § 15 Ver. v. 4./1. 24 neu eingefügte § 120 enthält Vorschriften über die Zuweisung von an sich zur Zuständigkeit des Reichsgerichts gehörenden Strafsachen wegen Landesverrats und wegen Zuwiderhandlungen gegen das Gesetz gegen den Verrat militärischer Geheimnisse v. 3./6. 14 an die Oberlandesgerichte zur Entscheidung in erster und letzter Instanz. Der § 121 bestimmt die Zuständigkeit der Oberlandesgerichte für die Rechtsmittel der Revision und der Beschwerde in Strafsachen. Die Bestimmungen unter Nr. 1 b, c, d über die Zuständigkeit für die Revision gegen Urteile: der kleinen Strafkammer (auf Berufung gegen Urteile des Amtsrichters allein, § 76 Abs. 2 Halbs. 1, s. Nr. 12), der großen Strafkammer (a. auf Berufung gegen Urteile des nur mit einem Richter und zwei Schöffen besetzten Schöffengerichts [§ 29 Abs. 1; s. Nr. 3], b. auf Berufung gegen Urteile des mit zwei Richtern und zwei Schöffen besetzten Schöffengerichts [§ 29 Abs. 2, 3; s. Nr. 3] bei Verletzung einer landesgesetzlichen Rechtsnorm; § 76 Abs. 2 Halbs. 2, s. Nr. 12) und des Schwurgerichts (§§ 80, 81; s. Nr. 15) bei Verletzung einer landesgesetzlichen Rechtsnorm (im übrigen ist das Reichsgericht für die Revision zuständig, § 135 [s. Nr. 22], auch für die Revision gegen die auf Berufung gegen Urteile der mit zwei Richtern und zwei Schöffen besetzten Schöffengerichte ergangenen Urteile der großen Strafkammern [s. Nr. 3] und gegen die [erstinstanzlichen] Urteile der Schwurgerichte, sofern die Revision nicht ausschließlich auf die Verletzung einer landesgesetzlichen Rechtsnorm gestützt wird) beruhen auf § 16 Ver. v. 4./1. 24. — Im § 124 (jetzt § 122) sodann ist auf Grund des § 1 Satz 1 Ver. v. 4./1. 24 die Zahl „fünf" durch „drei" ersetzt, wonach die Senate jetzt nur noch in der Besetzung mit drei Mitgliedern entscheiden. Ferner ist auf Grund des Art. I Nr. 1 Ver. v. 13./2. 24 und der Ermächtigung im § 43 Abs. 1 (s. Nr. 29) Ver. v. 4./1. 24 der Halbsatz: „soweit nicht nach den Vorschriften der Prozeßgesetze an Stelle des Senats der Einzelrichter zu entscheiden hat" eingefügt mit Rücksicht darauf, daß in dem in den §§ 348ff. ZPO. neu geregelten, auch in der Berufungsinstanz vor den Oberlandesgerichten Anwendung findenden „Verfahren vor dem Einzelrichter" (s. Abschnitt II Nr. 43) diesem die im § 349 Abs. 1 unter Nr. 1—5 und im Abs. 2 aufgeführten Entscheidungen zustehen. Weiter ist auf Grund des § 1 Satz 2 Ver. v. 4./1. 24 ein neuer Abs. 2 hinzugefügt, wonach die Strafsenate (ausnahmsweise, s. oben) mit fünf Mitgliedern zu besetzen sind, wenn in der Hauptverhandlung erster Instanz (s. § 120) verhandelt und entschieden werden soll.

§ 119. (§ 123.) Die Oberlandesgerichte sind **in bürgerlichen Rechtsstreitigkeiten** zuständig für die Verhandlung und Entscheidung über die Rechtsmittel:

1. der Berufung gegen die Endurteile der Landgerichte,
2. der Beschwerde gegen Entscheidungen der Landgerichte.

§ 120 (neu). **Die Oberlandesgerichte sind zur Verhandlung und Entscheidung in erster und letzter Instanz in den Strafsachen zuständig, die gemäß § 134 Abs. 2 von dem Oberreichsanwalt an die Landesstaatsanwaltschaft abgegeben werden, oder in denen das Reichsgericht gemäß § 134 Abs. 3 bei Eröffnung des Hauptverfahrens die Verhandlung und Entscheidung dem Oberlandesgericht überweist. In den von dem Oberreichsanwalt an die Landesstaatsanwaltschaft abgegebenen Sachen trifft das Oberlandesgericht auch die im § 73 Abs. 1 bezeichneten Entscheidungen.**

Für den Gerichtsstand gelten in diesen Fällen die allgemeinen Vorschriften. Sind jedoch in einem Lande mehrere Oberlandesgerichte errichtet, so können die im Abs. 1 den Oberlandesgerichten zugewiesenen Aufgaben durch die Landesjustizverwaltung einem oder einigen der Oberlandesgerichte oder dem Obersten Landesgericht übertragen werden. Durch Vereinbarung der beteiligten Landesjustizverwaltungen können diese Aufgaben dem hiernach zuständigen Gericht eines Landes auch für das Gebiet eines anderen Landes übertragen werden.

§ 121. (§ 123.) Die Oberlandesgerichte sind **in Strafsachen** ferner zuständig für die Verhandlung und Entscheidung über die Rechtsmittel:

1. der Revision gegen
   a) **die mit der Berufung nicht anfechtbaren Urteile des Amtsrichters;**
   b) **die Urteile der kleinen Strafkammer;**
   c) **die Urteile der großen Strafkammer, wenn in erster Instanz das mit einem Richter und zwei Schöffen besetzte Schöffengericht entschieden hat;**
   d) **die Urteile der großen Strafkammer und der Schwurgerichte, wenn die Revision ausschließlich auf die Ver-**

letzung einer in den Landesgesetzen enthaltenen Rechtsnorm gestützt wird;

2. der Beschwerde gegen strafrichterliche **Entscheidungen**, soweit nicht die Zuständigkeit der Strafkammer **oder des Reichsgerichts** begründet ist.

§ 122. (§ 124.) Die Senate der Oberlandesgerichte entscheiden, **soweit nicht nach den Vorschriften der Prozeßgesetze an Stelle des Senats der Einzelrichter zu entscheiden hat,** in der Besetzung von **drei** Mitgliedern mit Einschluß des Vorsitzenden.

Die Strafsenate sind in der Hauptverhandlung erster Instanz mit fünf Mitgliedern einschließlich des Vorsitzenden zu besetzen.

22. Die §§ 125—141 des Neunten Titels „Reichsgericht" haben die Zahlen 123—140 erhalten. Die §§ 125, 126, 128, 129, 131, 134, 137, 141 (jetzt §§ 123, 124, 126, 127, 129, 132, 136, 140) sind gänzlich unverändert. Im § 133 (jetzt § 131) sind nur die in Bezug genommenen „§§ 61—68" zufolge der neuen Reihenfolge der Paragraphen ersetzt durch „§§ 62 bis 69". Auf Grund der Ermächtigung im § 43 Abs. 2 (s. Nr. 29) Ver. v. 4./1. 24 und der Reichsverfassung v. 11./8. 19 sind ersetzt: im § 127 (jetzt § 125) Abs. 1 die Worte „des Bundesrats von dem Kaiser" durch die Worte „des Reichsrats durch den Reichspräsidenten", im Abs. 2 das Wort „Bundesstaate" durch die Worte „deutschen Lande", im § 130 (jetzt § 128) Abs. 3 das Wort „Bundesstaates" durch die Worte „deutschen Landes" und das Wort „Bundesstaate" durch die Worte „deutschem Lande" und im § 132 (jetzt § 130) das Wort (die Zahl der Zivil- und Strafsenate bestimmt der) „Reichskanzler" durch die Worte „Reichsminister der Justiz". Ferner ist auf Grund der Ermächtigung im § 43 Abs. 1 (s. Nr. 29) Ver. v. 4./1. 24 und der Änderungen des GVG. durch die frühere Gesetzgebung (s. Abschnitt I B h, k und Art. 6 der 9. Ergänzung des Besoldungsges. v. 18./6. 23 (RGBl. I S. 380) dem § 127 (jetzt § 125) ein neuer Absatz 3, betreffend das Dienstalter der Mitglieder des Reichsgerichts, hinzugefügt, dem Abs. 2 § 130 (jetzt § 128), betreffend das Ruhegehalt der Mitglieder des Reichsgerichts, eine andere Fassung gegeben, und im § 139 (jetzt § 138) an die Stelle der Worte „zuletzt ernannt ist" gesetzt „dem Dienstalter nach". — Weiter hat § 135 (jetzt § 133) auf Grund des Art. I Nr. 3 Ver. v. 13./2. 24 und der Ermächtigung im § 43 Abs. 1 (s. Nr. 29) Ver. v. 4./1. 24 zwei Nummern erhalten, von denen die erste Nummer zu dem Rechtsmittel der Revision gegen Endurteile der Oberlandesgerichte die Revision gegen die Endurteile der Landgerichte im Falle des § 566a ZPO. mit Rücksicht darauf hinzufügt, daß nach dieser neuen Vorschrift (s. Abschnitt II Nr. 87) unter bestimmten Voraussetzungen die Revision gegen landgerichtliche Urteile unter Überspringung der Berufungsinstanz zulässig ist, und die zweite Nummer sich über die (sofortige) Beschwerde verhält, wenn das Oberlandesgericht nach der neuen Vorschrift des § 519 Abs. 2 ZPO. (s. Abschnitt II Nr. 72) die bei ihm eingelegte Berufung durch Beschluß als unzulässig verworfen hat. — Der bisherige § 136, betreffend die Zuständigkeit des Reichsgerichts in Strafsachen, ist in die beiden §§ 134, 135 geteilt. Dem § 134, der die vor das Reichsgericht als Gericht erster Instanz gehörenden Strafsachen betrifft, über die sich Abs. 1 Nr. 1 des bisherigen § 136 verhielt, sind zunächst auf Grund der Änderung durch die frühere Gesetzgebung (s. Anm. 2 § 136 des Kommentars) und der Ermächtigung im § 43 Abs. 1, 2 (s. Nr. 29) Ver. v. 4./1. 24 die Worte „und des Kriegsverrats sowie der Verbrechen gegen die §§ 1, 3 des Gesetzes gegen din Verrat militärischer Geheimnisse vom 3. Juni 1914 (Reichsgesetzbl. S. 195)" hinzugefügt und die Worte „den Kaiser oder" gestrichen, und ferner auf Grund der Abs. 3, 4 des § 15 Ver. v. 4./1. 24 die neuen Abs. 2, 3 hinzugefügt. Der an die Stelle des Abs. 1 Nr. 2 und Abs. 2 des bisherigen § 136 getretene § 135 bestimmt die Zuständigkeit des Reichsgerichts für das Rechtsmittel der Revision gegen Urteile der Schwurgerichte (§§ 80, 81; s. Nr. 15) und der großen Strafkammern (§ 76 Abs. 2 Halbs. 2; s. Nr. 12), ausgenommen die Fälle, in denen für die Revision gegen solche Urteile die Oberlandesgerichte zuständig sind (a. wenn die Revision ausschließlich auf die Verletzung einer landesgesetzlichen Rechtsnorm gestützt wird; b. wenn die große Strafkammer auf die Berufung gegen Urteile des nur mit einem Richter und zwei Schöffen besetzten Schöffengerichts erkannt hat; s. Nr. 3, 21). — Im § 138 (jetzt § 137) sind auf Grund der Änderung durch die frühere Gesetzgebung (s. Abschnitt I B i) und der Ermächtigung im § 43 Abs. 1 (s. Nr. 29) Ver. v. 4./1. 24 ersetzt worden: die Worte „Der erste Strafsenat des Reichsgerichts" durch die Worte „Einer der Strafsenate, der durch den Geschäftsverteilungsplan bestimmt wird", die Worte „bei den im § 136 Nr. 1 bezeichneten Verbrechen" durch die Worte „in den Strafsachen, die zur Zuständigkeit des Reichsgerichts in erster und letzter Instanz gehören" (s. oben zu § 134), und „§ 72 Abs. 1" durch „§ 73 Abs. 1"; ferner ist der Abs. 2: „Das Hauptverfahren findet vor einem der übrigen Strafsenate des Reichsgerichts statt" gestrichen. — Im § 140 (jetzt § 139) ist auf Grund des § 2 Satz 1 Ver. v. 4./1. 24 das Wort „sieben" durch das Wort „fünf" ersetzt, so daß die Senate des Reichsgerichts nun in der Besetzung von nur fünf Mitgliedern entscheiden; ferner ist auf Grund des § 2 Satz 2 Ver. v. 4./1. 24 der Satz 2 hinzugefügt, wonach der für die erstinstanzlichen Sachen (§ 134) bestimmte (§ 137) Strafsenat außerhalb der Hauptverhandlung in der Besetzunv von nur drei Mitgliedern entscheidet.

§ 125. (§ 127.) Der Präsident, die Senatspräsidenten und Räte werden auf **Vorschlag des Reichsrats von dem Reichspräsidenten** ernannt.

Zum Mitglied des Reichsgerichts kann nur ernannt werden, wer die Fähigkeit zum Richteramt in einem **deutschen Lande** erlangt und das fünfunddreißigste Lebensjahr vollendet hat.

Das Dienstalter der Mitglieder des Reichsgerichts richtet sich nach der Ernennung. Auf das Dienstalter ist die Zeit anzurechnen, die das Mitglied als Reichsanwalt, als Rechtsanwalt beim Reichsgericht oder als ordentlicher öffentlicher Lehrer des Rechtes an einer deutschen Universität tätig gewesen ist.

§ 128. (§ 130.) Wenn ein Mitglied durch ein körperliches Gebrechen oder durch Schwäche seiner körperlichen oder geistigen Kräfte zur Erfüllung seiner Amtspflichten dauernd unfähig wird, so tritt seine Versetzung in den Ruhestand gegen Gewährung eines Ruhegehalts ein. Dienstunfähigkeit ist nicht Vorbedingung des Anspruchs auf Ruhegehalt, wenn das aus dem Dienste scheidende Mitglied das fünfundsechzigste Lebensjahr vollendet hat.

Das Ruhegehalt beträgt **bei vollendeter zehnjähriger oder kürzerer Dienstzeit** $^{35}/_{100}$ **und steigt nach vollendetem zehnten Dienstjahr mit jedem weiter zurückgelegten Dienstjahr bis zum vollendeten fünfunddreißigsten Dienstjahr um** $^{2}/_{100}$ **und von da ab bis zum vollendeten fünfzigsten Dienstjahr um** $^{1}/_{100}$ **des Diensteinkommens.**

Bei Berechnung der Dienstzeit wird die Zeit mitgerechnet, während welcher das Mitglied sich im Dienste des Reichs oder im Staats- oder Gemeindedienst eines **deutschen Landes** befunden oder in einem **deutschen Lande** als Anwalt, Advokat, Notar, Patrimonialrichter oder als öffentlicher Lehrer des Rechtes an einer deutschen Universität fungiert hat.

§ 133. (§ 135.) In bürgerlichen Rechtsstreitigkeiten ist das Reichsgericht zuständig für die Verhandlung und Entscheidung über die Rechtsmittel

1. der Revision gegen die Endurteile der Oberlandesgerichte **sowie gegen die Endurteile der Landgerichte im Falle des § 566 a der Zivilprozeßordnung,**

2. **der Beschwerde gegen Entscheidungen der Oberlandesgerichte in dem Falle des § 519b Abs. 2 der Zivilprozeßordnung.**

§ 134. (§ 136.) In Strafsachen ist das Reichsgericht zuständig für die Untersuchung und Entscheidung in erster und letzter Instanz in den Fällen des Hochverrats, des Landesverrats **und des Kriegsverrats gegen das Reich sowie der Verbrechen gegen die §§ 1, 3 des Gesetzes gegen den Verrat militärischer Geheimnisse vom 3. Juni 1914 (Reichsgesetzbl. S. 195).**

In Landesverratssachen sowie bei Verbrechen gegen die §§ 1, 3 des Gesetzes gegen den Verrat militärischer Geheimnisse kann der Oberreichsanwalt die Strafverfolgung an die Landesstaatsanwaltschaft abgeben. Es sollen nur Strafsachen von minderer Bedeutung abgegeben werden.

Das Reichsgericht kann in den im Abs. 2 bezeichneten Sachen bei der Eröffnung des Hauptverfahrens die Verhandlung und Entscheidung dem Oberlandesgericht überweisen, wenn der Oberreichsanwalt es bei der Einreichung der Anklageschrift beantragt; auf den Antrag findet Abs. 2 Satz 2 entsprechende Anwendung.

§ 135. (§ 136.) In Strafsachen ist das Reichsgericht **ferner** zuständig zur Verhandlung und Entscheidung über das Rechtsmittel der Revision gegen **die Urteile der Schwurgerichte und der großen Strafkammer, soweit nicht die Zuständigkeit der Oberlandesgerichte begründet ist.**

§ 137. (§ 138.) **Einer der Strafsenate, der durch den Geschäftsverteilungsplan bestimmt wird,** erledigt alle richterlichen Geschäfte in den Strafsachen, **die zur Zuständigkeit des Reichsgerichts in erster und letzter Instanz gehören, mit Einschluß der Geschäfte,** die im § **73** Abs. 1 der Strafkammer des Landgerichts **zugewiesen sind.**

§ 139. (§ 140.) Die Senate des Reichsgerichts entscheiden in der Besetzung von **fünf** Mitgliedern mit Einschluß des Vorsitzenden. **Der Strafsenat, dem die erstinstanzlichen Sachen zugewiesen sind, entscheidet außerhalb der Hauptverhandlung in einer Besetzung von drei Mitgliedern mit Einschluß des Vorsitzenden.**

23. Die §§ 142—153 des Zehnten Titels „Staatsanwaltschaft“ haben die Zahlen 141—152 erhalten. Davon sind die §§ 142, 144, 145, 146, 147, 151, 152 (jetzt §§ 141, 143, 144, 145, 146, 150, 151) gänzlich unverändert geblieben. Auf Grund der Ermächtigung im § 43 Abs. 2 (s. Nr. 29) Ver. v. 4./1. 24 und der Reichsverfassung v. 11./8. 19 sind ersetzt worden: im § 144 (jetzt § 143) Abs. 3 das Wort „Bundesstaaten“ durch das Wort „Länder“, im § 148 (jetzt § 147) Nr. 1 das Wort „Reichskanzler“ durch die Worte „Reichsminister der Justiz“ und Nr. 8 das Wort „Bundesstaates“ durch das Wort „Landes“, im § 150 (jetzt § 149) Abs. 1 die Worte „Bundesrats vom Kaiser“ durch „Reichsrats vom Reichspräsidenten“ (hier ist auch der in Bezug genommene „§ 130“ gemäß der jetzigen Reihenfolge der Paragraphen ersetzt durch „§ 128“) und im Abs. 2 die Worte „Kaiserliche Verfügung“ durch die Worte „Verfügung des Reichspräsidenten“. Ferner sind: im § 143 (jetzt § 142) Abs. 1 Nr. 3 zwischen „mehrere“ und „Anwälte“ eingefügt „Staatsanwälte oder“ und im Abs. 2 das Wort „Schöffengerichte“ durch das Wort „Amtsgerichte“ ersetzt (s. § 24 unter Nr. 3); im § 149 (jetzt § 148) Abs. 2 die Worte „den Ämtern der Staatsanwaltschaft bei den Oberlandesgerichten und den Landgerichten“ ersetzt durch die Worte

„zu dem Amte eines Staatsanwalts“; im § 153 (jetzt § 152) Abs. 1 die Worte „bei dem Landgerichte“ zwischen „Staatsanwälte“ und „ihres Bezirks“ gestrichen.

24. Der § 154 des Elften Titels „Gerichtsschreiber“ hat die Zahl 153, die §§ 155, 156 des Zwölften Titels „Zustellungs- und Vollstreckungsbeamte“ haben die Zahlen 154, 155 erhalten. In den §§ 154, 155 (jetzt §§ 153, 154) ist auf Grund der Ermächtigung im § 43 Abs. 2 (s. Nr. 29) Ver. v. 4./1. 24 und der Reichsverfassung v. 11./8. 19 das Wort „Reichskanzler“ ersetzt durch die Worte „Reichsminister der Justiz“. Im übrigen sind die Paragraphen unverändert.

25. Die §§ 157—169 des Dreizehnten Titels „Rechtshilfe“ haben die Zahlen 156 bis 168 erhalten. Im § 160 (jetzt § 159) ist der in Bezug genommene § 159 Abs. 2 durch die jetzige Paragraphenzahl 158 Abs. 2 ersetzt. In den §§ 161, 163, 165, 168 (jetzt §§ 160, 162, 164, 167) ist auf Grund der Ermächtigung im § 43 Abs. 2 (s. Nr. 29) Ver. v. 4./1. 24 und der Reichsverfassung v. 11./8. 19 an die Stelle von „Bundesstaat“ gesetzt „Land“ oder „deutsches Land“ oder „deutsche Länder“. Im übrigen sind die Paragraphen unverändert.

26. Die §§ 170—185 des Vierzehnten Titels „Öffentlichkeit und Sitzungspolizei“ haben die Zahlen 169—183 erhalten. Im § 179 (jetzt § 178) sind die Worte „Ordnungsstrafe bis zu einhundert Mark“ ersetzt durch die Worte „Ordnungsstrafe in Geld“ auf Grund Art. II Abs. 2 Ver. v. 6./2. 24, so daß die Ordnungsstrafe nun mindestens eine Goldmark und höchstens eintausend Goldmark beträgt (s. Nr. 4). Mit Rücksicht auf die neue Reihenfolge der Paragraphen und darauf, daß der § 180, betreffend Rechtsanwälte und Verteidiger, bereits früher fortgefallen ist, sind die im § 182 (jetzt § 180) in Bezug genommenen „§§ 177—181“ durch „§§ 176 bis 179“ ersetzt und im § 183 (jetzt § 181) Abs. 1 an die Stelle von „§§ 179, 180, 182“ gesetzt „§§ 178 und 180“, im Abs. 2 an die Stelle von „§ 179“ gesetzt „§ 178“ und an die Stelle von „in den Fällen des § 180 und des § 182“ gesetzt „in dem Falle des § 180“. Im übrigen sind die Paragraphen unverändert. — Ebenfalls unverändert sind die §§ 186—193 des Fünfzehnten Titels „Gerichtssprache“, welche die Zahlen 184—191 erhalten haben.

27. Die §§ 194—200 des Sechzehnten Titels „Beratung und Abstimmung“ haben die Zahlen 192—198 erhalten. Davon sind die §§ 194, 195, 196, 197, 200 (jetzt §§ 192, 193, 194, 195, 198) unverändert. Im § 198 (jetzt § 196) sind auf Grund des § 20 Abs. 3 Satz 2, 3 Ver. v. 4./1. 24 zwei Sätze dem Abs. 3 hinzugefügt. Der erste Satz betrifft den Fall, daß sich in der Straffrage zwei Meinungen bilden, von denen keine die erforderliche Mehrheit für sich hat, der zweite Satz betrifft den Fall, daß sich in dem mit zwei Richtern und zwei Schöffen besetzten Schöffengerichte (§ 29 Abs. 2, s. Nr. 3), abgesehen von der Schuld- und Straffrage, Stimmengleichheit ergibt; in dem ersteren Falle gilt die mildere Meinung, in dem zweiten Falle entscheidet die Stimme des Vorsitzenden. — Der § 199: „Die Reihenfolge bei der Abstimmung richtet sich nach dem Dienstalter, bei den Schöffengerichten und den Kammern für Handelssachen nach dem Lebensalter; der Jüngste stimmt zuerst, der Vorsitzende zuletzt. Wenn ein Berichterstatter ernannt ist, so gibt dieser seine Stimme zuerst ab. Bei der Abstimmung der Geschworenen richtet sich die Reihenfolge nach der Auslosung. Der Obmann stimmt zuletzt.“ ist auf Grund des § 20 Abs. 1, 2 Ver. v. 4./1. 24 geändert durch die neuen Vorschriften des jetzigen § 197 über die Abstimmungen der Richter, Handelsrichter, Schöffen und Geschworenen je unter sich und im Verhältnis zueinander sowie des Berichterstatters und des Vorsitzenden.

§ 196. (§ 198.) **Die Entscheidungen erfolgen, soweit das Gesetz nicht ein anderes bestimmt, nach der absoluten Mehrheit der Stimmen.**

Bilden sich in Beziehung auf Summen, über welche zu entscheiden ist, mehr als zwei Meinungen, deren keine die Mehrheit für sich hat, so werden die für die größte Summe abgegebenen Stimmen den für die zunächst geringere abgegebenen so lange hinzugerechnet, bis sich eine Mehrheit ergibt.

Bilden sich in einer Strafsache, von der Schuldfrage abgesehen, mehr als zwei Meinungen, deren keine die **erforderliche** Mehrheit für sich hat, so werden die dem Beschuldigten nachteiligsten Stimmen den zunächst minder nachteiligen so lange hinzugerechnet, bis sich die erforderliche Mehrheit ergibt. **Bilden sich in der Straffrage zwei Meinungen, ohne daß eine die erforderliche Mehrheit für sich hat, so gilt die mildere Meinung. Ergibt sich in dem mit zwei Richtern und zwei Schöffen besetzten Schöffengerichte, von der Schuld- und Straffrage abgesehen, Stimmengleichheit, so gibt die Stimme des Vorsitzenden den Ausschlag.**

§ 197. (§ 199.) **Die Richter stimmen nach dem Dienstalter, bei gleichem Dienstalter nach dem Lebensalter, Handelsrichter, Schöffen und Geschworene nach dem Lebensalter; der jüngere stimmt vor dem älteren. Die Schöffen und Geschworenen stimmen vor den Richtern.** Wenn ein Berichterstatter ernannt ist, so stimmt er zuerst. Zuletzt stimmt der Vorsitzende.

28. Die §§ 201—204 des Siebzehnten Titels „Gerichtsferien" haben die Zahlen 199—202 erhalten. Davon sind die §§ 201, 203, 204 (jetzt §§ 199, 201, 202) unverändert. Im § 202 (jetzt § 200) Abs. 2, Feriensachen betreffend, sind auf Grund der Ermächtigung im § 43 Abs. 1, 2 (s. Nr. 29) Ver. v. 4./1. 24 und des § 28 Scheckgesetzes v. 11./3. 08 in der Nr. 4a bezüglich des Gewerbe- und des Kaufmannsgerichtsgesetzes hinzugefügt „in der Fassung des Gesetzes vom 14. Januar 1922 (Reichsgesetzbl. I S. 155)", die bisherigen Nr. 4a, 4b, 5 durch die Nr. 5, 6, 7 ersetzt und als Nr. 8 eingefügt „Regreßansprüche aus einem Scheck", so daß die bisherige Nr. 6 „Bausachen" zur Nr. 9 geworden ist.

29. § 43 Ver. v. 4./1. 24, auf Grund dessen das Gerichtsverfassungsgesetz in neuer Fassung bekannt gemacht ist, lautet:

Der Reichsminister der Justiz wird ermächtigt, den Text des Gerichtsverfassungsgesetzes und der Strafprozeßordnung mit dieser Verordnung und den bis zu ihrem Inkrafttreten ergangenen Gesetzen und Verordnungen in Einklang zu bringen und in fortlaufender Paragraphenfolge im Reichsgesetzblatt bekanntzumachen.

Die Ermächtigung umfaßt die Befugnis, soweit durch die Vorschriften dieser Verordnung eine Änderung oder Ergänzung der genannten Gesetze bedingt ist, diese Änderung oder Ergänzung vorzunehmen sowie ihre Vorschriften den bestehenden staatsrechtlichen Verhältnissen anzupassen.

Unter „ergangenen Gesetzen und Verordnungen" im Abs. 1 sind auch diejenigen zu verstehen, die vor Inkrafttreten der Ver. v. 4./1. 24 (nach § 40 sind von den Paragraphen, die hier in Betracht kommen, §§ 1—5 am 15./2., §§ 6—14, 16—20 am 1./4., § 15, betreffend Zuweisung von Strafsachen an die Oberlandesgerichte als Gerichte erster und letzter Instanz, bereits am 15./1. 24 in Kraft getreten) zwar noch nicht in Kraft getreten, aber schon erlassen waren, wie die bei der Neufassung des GVG. berücksichtigte Ver. v. 13./2. 24, deren Art. I bis VI (hier kommen nur die Art. I, II, III in Betracht) nach Art. VII Abs. 1 Satz 1 erst am 1./6. 24 in Kraft treten. Nach dem Abs. 2 ist der Reichsminister der Justiz insbesondere ermächtigt, das Gerichtsverfassungsgesetz, wie geschehen, der Reichsverfassung v. 11./8. 19 anzupassen. — Art. VIII Ver. v. 13./2. 24 enthält gleiche Ermächtigungen bezüglich der Neufassung der Zivilprozeßordnung, nicht aber auch des Gerichtsverfassungsgesetzes.

Zusatz.

Von Änderungen des GVG. wird auch das Einführungsgesetz zum Gerichtsverfassungsgesetz betroffen, und zwar im § 10. An die Stelle der dort im Abs. 1 Satz 1 in Bezug genommenen „§§ 126, 132, 133, 134, 183 Abs. 1" treten nun die jetzigen „§§ 124, 130, 131, 132, 181 Abs. 1" (zu letzterem s. oben Nr. 26) und an die Stelle der im Abs. 1 Satz 2 in Bezug genommenen „§§ 137, 139" die „§§ 136, 138" (s. oben Nr. 22). Ferner bestimmt § 3 Ver. v. 4./1. 24: „Besteht in einem Lande ein Oberstes Landesgericht, so bestimmt sich die Besetzung der Senate in Strafsachen, in Grundbuchsachen und in Angelegenheiten der freiwilligen Gerichtsbarkeit nach den Vorschriften über die Oberlandesgerichte, im übrigen nach den Vorschriften über das Reichsgericht." Durch diese Vorschrift werden die Abs. 2, 3 des § 10: „Die Besetzung der Senate bestimmt sich in Strafsachen nach § 124, in bürgerlichen Rechtsstreitigkeiten nach § 140 des Gerichtsverfassungsgesetzes. Auf die Besetzung der Zivilsenate des obersten Landesgerichts findet in Grundbuchsachen sowie in den nach § 199 des Gesetzes über die Angelegenheiten der freiwilligen Gerichtsbarkeit dem obersten Landesgerichte zugewiesenen Angelegenheiten der § 124 des Gerichtsverfassungsgesetzes Anwendung." ersetzt. Danach lautet der Paragraph nunmehr:

§ 10. **Die allgemeinen, sowie die in den §§ 124, 130, 131, 132, 181 Abs. 1 enthaltenen besonderen Vorschriften des Gerichtsverfassungsgesetzes finden auf die obersten Landesgerichte als Behörden der ordentlichen streitigen Gerichtsbarkeit entsprechende Anwendung. Das gleiche gilt, sofern ein Zivilsenat des obersten Landesgerichts von der Entscheidung eines anderen Zivilsenats oder der vereinigten Zivilsenate abweichen will, in Ansehung der Vorschriften der §§ 136, 138 des Gerichtsverfassungsgesetzes.**

Die Besetzung der Senate bestimmt in Strafsachen, in Grundbuchsachen sowie in dem nach § 199 **des Gesetzes über die Angelegenheiten der freiwilligen Gerichtsbarkeit dem obersten Landesgerichte zugewiesenen Angelegenheiten nach den Vorschriften über die Oberlandesgerichte, im übrigen nach den Vorschriften über das Reichsgericht.**

Die in Bezug genommenen Besetzungsvorschriften „über die Oberlandesgerichte" enthält der jetzige § 122 GVG. (s. oben Nr. 21) und die in Bezug genommenen Besetzungsvorschriften „über das Reichsgericht" enthält der jetzige § 139 Satz 1 (s. oben Nr. 22). Danach entscheidet das oberste Landesgericht in Strafsachen, in Grundbuchsachen und in Angelegenheiten der freiwilligen Gerichtsbarkeit in der Besetzung von drei Mitgliedern, in Strafsachen erster Instanz aber und auch im übrigen, insbesondere in bürgerlichen Rechtsstreitigkeiten, in der Besetzung von fünf Mitgliedern, überall mit Einschluß des Vorsitzenden.

IV.

Änderungen der Bekanntmachung zur Entlastung der Gerichte

vom 9. September 1915 (RGBl. 1915 S. 562, 1916 S. 393, 1921 S. 229, 1922 S. 569, 1923 I S. 813, 1186, 1239) durch Artikel III der Verordnung über das Verfahren in bürgerlichen Rechtsstreitigkeiten vom 13. Februar 1924 (RGBl. I S. 135), in Kraft vom 1. Juni 1924.

1. Im § 13 sind an Stelle der Worte „der §§ 500, 500c" die Worte „des § 500" getreten, weil mit Rücksicht auf die andere Fassung, die der § 500 ZPO. durch die Einführung des Güteverfahrens in den Amtsgerichtsprozeß erhalten hat, der § 500c ZPO., betreffend die Bestimmung eines Termins zum Zwecke eines Sühneversuchs auf Antrag einer Partei, gestrichen ist (s. Abschnitt II Nr. 61, 66).

§ 13. Ein Anspruch, der zur Zuständigkeit der Amtsgerichte gehört, soll unbeschadet des § 500 der Zivilprozeßordnung im Mahnverfahren geltend gemacht werden, wenn es gemäß § 688 der Zivilprozeßordnung zulässig ist.

2. Im § 14 Abs. 1 ist zwischen dem Worte „zuwider" und den Worten „eine Klage" eingestellt „ein Güteantrag oder" und an Stelle der Worte „sich auf die Klage einlassen" gesetzt „sich auf eine Güte- oder Streitverhandlung einlassen". Danach soll, wiewohl jetzt durch § 495a ZPO. (s. Abschnitt II Nr. 56) grundsätzlich das obligatorische Güteverfahren in den Amtsgerichtsprozeß eingeführt ist, diesem obligatorischen Verfahren doch das im § 13 verordnete obligatorische Mahnverfahren (s. Nr. 1) in der Weise vorgehen, daß, wenn ein Güteantrag (s. § 499a in Abschnitt II Nr. 60) statt eines Antrags auf Erlassung eines Zahlungsbefehls gestellt wird, der Antrag, ebenso wie bisher schon die Anbringung einer Klage, als Gesuch um Erlassung des Zahlungsbefehls gelten soll, sofern nicht glaubhaft gemacht wird, daß der Gegner den Anspruch bestreiten und sich auf eine Güte- und Streitverhandlung einlassen werde. — In Verfolg dieser Gleichstellung des Güteantrags mit der Klaganbringung ist ferner im Abs. 2 den Worten „Der Klage" vorangestellt „Dem Antrag oder", im Abs. 3 Satz 1 zwischen „Urschrift" und „der Klage" eingefügt „des Güteantrags oder", im Abs. 4 an Stelle von „einer mit dem Zahlungsbefehle versehenen Klage" gesetzt „eines mit dem Zahlungsbefehle versehenen Güteantrags oder einer solchen Klage". — § 691 ZPO. bestimmt, daß das Gesuch um Erlassung eines Zahlungsbefehls zurückzuweisen ist, wenn einer der dort angegebenen Gründe vorliegt, insbesondere wenn sich aus dem Inhalte des Gesuchs ergibt, daß der Anspruch ganz oder auch nur zum Teil nicht begründet ist. Nach dem bisherigen Abs. 5 des § 14 hatte im Falle der Klaganbringung statt der Zurückweisung die Anberaumung eines Verhandlungstermins zu erfolgen. Hierzu ist hinzugefügt „soweit nicht die Klage auf Grund der Vorschrift des § 500 der Zivilprozeßordnung als Güteantrag gilt". Richtig muß es statt „§ 500" heißen „§ 500a". Nach dieser neuen Vorschrift (s. Abschnitt II Nr. 62) im Abs. 2 gilt eine Klage, die der Vorschrift des Abs. 1 (Beibringung einer Bescheinigung, daß ein Güteverfahren erfolglos gewesen oder nach § 495a ausnahmsweise nicht erforderlich ist) nicht genügt, als Güteantrag. Weiter ist der Satz: „War ein Güteantrag angebracht oder gilt angebrachte Klage als Güteantrag, so findet an Stelle des § 691 der § 499b der Zivilprozeßordnung Anwendung.“ Nach diesem neuen § 499b (s. Abschnitt II Nr. 60) kann das Gericht, wenn der erhobene Anspruch von vornherein aussichtslos erscheint, den Güteantrag bzw. die Klage durch Beschluß zurückweisen; in allen anderen Fällen beraumt das Gericht unverzüglich Termin zur Güteverhandlung an.

§ 14. Wird bei dem Amtsgerichte der Vorschrift des § 13 zuwider **ein Güteantrag oder** eine Klage angebracht, die lediglich auf einen im Mahnverfahren verfolgbaren Anspruch gerichtet **sind**, so **gelten** sie als Gesuch um Erlassung des Zahlungsbefehls, es sei denn, daß **glaubhaft gemacht ist**, der **Gegner** werde den Anspruch bestreiten und sich auf **eine Güte- oder Streitverhandlung** einlassen.

Dem Antrag oder der Klage soll eine Berechnung der Kosten beigefügt werden, deren Erstattung der Kläger verlangt.

Der Zahlungsbefehl wird auf die Urschrift **des Güteantrags oder** der Klage oder ein damit zu verbindendes Blatt gesetzt. Im letzteren Falle findet die Vorschrift des § 313 Abs. 3 Satz 6 der Zivilprozeßordnung entsprechende Anwendung. Der Zahlungsbefehl braucht die im § 690 Nr. 1 bis 3 der Zivilprozeßordnung bezeichneten Erfordernisse des Gesuchs nicht zu enthalten.

Die Zustellung **eines mit dem Zahlungsbefehle versehenen Güteantrags oder einer solchen Klage** hat die Wirkungen, die mit der Zustellung eines Zahlungsbefehls verbunden sind.

War eine Klage angebracht, so tritt an Stelle der Zurückweisung des Gesuchs (§ 691 der Zivilprozeßordnung) die Anberaumung eines Termins zur mündlichen Verhandlung, **soweit nicht die Klage auf Grund der Vorschrift des § 500 der Zivilprozeßordnung als Güteantrag gilt. War ein Güteantrag angebracht oder gilt die angebrachte Klage als Güteantrag, so findet an Stelle des § 691 der § 499b der Zivilprozeßordnung Anwendung.**

3. In dem für das Urkunden- und Wechselmahnverfahren besondere Vorschriften gebenden § 16 Abs. 1 Nr. 1 sind ersetzt: die Worte „die Klage“ durch die Worte „die Streitsache“ und die Worte „erhoben anzusehen“ durch die Worte „rechtshängig geworden anzusehen“. Die Änderungen entsprechen der dem § 696 ZPO. für den Fall der Erhebung des Widerspruchs gegen den Zahlungsbefehl gegebenen neuen Fassung (s. Abschnitt II Nr. 92). § 16 Abs. 1 Nr. 1 lautet nunmehr:

§ 16. Für das Urkunden- und Wechsel-Mahnverfahren gelten folgende besondere Vorschriften:

1. Die Bezeichnung als Urkunden- oder als Wechsel-Zahlungsbefehl hat die Wirkung, daß **die Streitsache**, wenn rechtzeitig Widerspruch erhoben wird, als im Urkunden- oder im Wechselprozeß **rechtshängig geworden** anzusehen ist.

4. Im Abs. 2 des die Gebühren der Rechtsanwälte im Mahnverfahren betreffenden § 17 ist mit Rücksicht auf die im Art. VI Nr. 4 Ver. v. 13./2. 24 bestimmte Gebühr für die Tätigkeit der Rechtsanwälte im Güteverfahren hinter dem Worte „worden“ eingefügt „sowohl auf die in einem nachfolgenden Güteverfahren zustehende Gebühr wie“. Der Abs. 2 lautet nunmehr:

Die Gebühren in Nr. 1 und 2 werden sowohl auf die in einem nachfolgenden Güteverfahren zustehende Gebühr wie auf die in einem nachfolgenden Rechtsstreit zustehende Prozeßgebühr angerechnet.

5. Die §§ 18 (Sühneversuch), 20 (Berufungssumme), 22 (Beschwerdesumme im Falle des § 99 Abs. 3 ZPO.), 23 (Anwendung des § 501 ZPO. im land- und oberlandesgerichtlichen Verfahren), 24 (Ersatz der Tatbestandsdarstellung durch Bezugnahme), 25 (Fortfall des Verzeichnisses der verkündeten Urteile), 26 (Anwendung des § 496 Abs. 6 ZPO. bei der Ausfertigung landgerichtlicher Urteile), 27 (Anwendung des § 505 ZPO. im Verfahren vor den Landgerichten), 28 (Armenrecht für ein uneheliches Kind) sind gestrichen, weil diese Vorschriften bei den Änderungen der ZPO. durch die Ver. v. 13./2. 24 berücksichtigt worden sind (s. Abschnitt II Nr. 56, 67, 88, 23, 33, 35, 36, 25, 5). Hiernach beschränkt sich der Inhalt der Entlastungsverordnung nunmehr auf die Vorschriften über das obligatorische Mahnverfahren (§§ 13—17), den lediglich die §§ 3, 4 der Ver. über die gerichtliche Bewilligung von Zahlungsfristen (RGBl. 1915 S. 290) betreffenden § 21 und die durch die Ver. v. 22./12. 23 (s. Abschnitt I C) neu eingefügten §§ 23a, b, betreffend Entscheidung ohne mündliche Verhandlung, §§ 26a bis 26i, betreffend wertbeständige Schuldtitel, und § 27a bis c, betreffend Entscheidung durch Schiedsurteil.

V.

Übergangsbestimmungen

bezüglich der Änderungen der Zivilprozeßordnung, des Gerichtsverfassungsgesetzes und der Entlastungsverordnung in den Abschnitten II, III, IV.

1. Der hier nur für die Änderungen des Gerichtsverfassungsgesetzes (Abschnitt III) in Betracht kommende § 42 der Ver. über Gerichtsverfassung und Strafrechtspflege v. 4./1. 24 (über den Zeitpunkt ihres Inkrafttretens vgl. Abschnitt III Nr. 29) bestimmt:

Die am Tage des Inkrafttretens dieser Verordnung in erster Instanz anhängigen Strafsachen, für die durch diese Verordnung die Zuständigkeit der Amtsgerichte[a] begründet wird, gehen in der Lage, in der sie sich befinden, auf das nach den neuen Vorschriften berufene Gericht[b] über. Solange der Termin zur Hauptverhandlung noch nicht bestimmt ist, kann die Staatsanwaltschaft nach Maßgabe des § 8 Abs. 1 Nr. 3, § 9 und des § 10 Abs. 2[c] beantragen, daß die Hauptverhandlung vor dem Amtsrichter allein stattfinde oder daß ein zweiter Amtsrichter zugezogen werde. Die zur Überleitung des Verfahrens erforderlichen Bestimmungen trifft die Landesjustizverwaltung.

Eine begonnene Hauptverhandlung ist nach den bisherigen Vorschriften zu Ende zu führen.

Gegen die vor dem Inkrafttreten dieser Verordnung oder auf Grund einer nach den bisherigen Vorschriften zu Ende geführten Verhandlung erlassenen Urteile der Strafkammern und Schwurgerichte findet die Revision nach den bisherigen Vorschriften statt. Wird ein Urteil, das die Strafkammer in erster Instanz erlassen hat, vom Revisionsgericht aufgehoben und die Sache zurückverwiesen, so findet die neue Hauptverhandlung vor dem Schöffengerichte[d] statt; die Staatsanwaltschaft kann vor Anberaumung des Hauptverhandlungstermins nach Maßgabe des § 8 Abs. 1 Nr. 3, § 9 und des § 10 Abs. 2[e] beantragen, daß die Hauptverhandlung vor dem Amtsrichter allein stattfinde oder daß ein zweiter Amtsrichter zugezogen werde. Dasselbe gilt, wenn ein Urteil des Schwurgerichts vom Revisionsgericht aufgehoben und die Sache zurückverwiesen wird, sofern nach § 14 dieser Verordnung[f] das Schwurgericht nicht mehr zuständig ist.

Wird ein Urteil, das die Strafkammer in erster Instanz erlassen hat, mit dem Antrag auf Wiederaufnahme des Verfahrens angefochten, so entscheidet darüber, ob der Antrag zulässig und begründet ist, die Strafkammer.[g] Die erneute Hauptverhandlung findet vor dem Schöffengerichte[h] statt. Wird der Antrag auf Wiederaufnahme eines durch Urteil des Schwurgerichts abgeschlossenen Verfahrens für begründet erklärt, so findet, sofern nach § 14 dieser Verordnung[i] das Schwurgericht nicht mehr zuständig ist, die erneute Hauptverhandlung vor dem Schöffengerichte statt. Abs. 3 Satz 2 Halbsatz 2 gilt entsprechend.

Der Reichsminister der Justiz kann weitere Vorschriften zur Überleitung anhängiger Verfahren erlassen.

2. Artikel VII Ver. über das Verfahren in bürgerlichen Rechtsstreitigkeiten v. 13./2. 24 bestimmt:

Die Artikel I bis VI der Verordnung treten am 1. Juni 1924 in Kraft.[k] Sie finden auf die zur Zeit ihres Inkrafttretens anhängigen Rechtsstreitigkeiten mit folgenden Maßgaben Anwendung:

Die Vorschriften über das Güteverfahren[l] finden in denjenigen Fällen keine Anwendung, in denen die Klage oder der Antrag auf Erlassung des Zahlungsbefehls vor dem Tage des Inkrafttretens eingereicht war.

Die Vorschriften über die Zurückweisung verspäteten Vorbringens innerhalb einer Instanz (§§ 279, 283 der Zivilprozeßordnung in der neuen Fassung)[m] finden nur insoweit Anwendung, als das Vorbringen in einer nach dem Inkrafttreten der Verordnung abgehaltenen mündlichen Verhandlung angebracht werden konnte.

Die Zulässigkeit eines Rechtsmittels gegen die vor dem Inkrafttreten der Verordnung verkündeten Entscheidungen richtet sich nach den bisherigen Vorschriften.

Die Vorschriften über die Berufungsbegründung[n] finden nur auf die nach dem Inkrafttreten der Verordnung eingelegten Berufungen Anwendung.

Die Zurückweisung eines neuen Vorbringens in der Berufungsinstanz[o] ist nur in den Fällen zulässig, in denen die letzte mündliche Verhandlung der ersten Instanz nach dem Inkrafttreten des Gesetzes abgehalten worden ist.

a) § 24 GVG. (Abschnitt III Nr. 3).

b) §§ 25, 26 (Amtsrichter allein ohne Schöffen), § 28 GVG. (Schöffengerichte).

c) § 8 Abs. 1 Nr. 3 gleich § 25 Nr. 2 c; § 9 gleich § 26; § 10 Abs. 2 gleich § 29 Abs. 2 GVG. (Abschnitt III Nr. 3).

d) § 29 Abs. 1 GVG. (Abschnitt III Nr. 3).

e) Vgl. c.

f) § 80 GVG. (Abschnitt III Nr. 15).

g) §§ 73, 76 Abs. 1 GVG. (Abschnitt III Nr. 10, 12).

h) § 29 GVG.

i) Vgl. f.

k) Nach der Bekanntmachung v. 22./3. 24 (RGBl. 299) sollen die Texte des Gerichtsverfassungsgesetzes (und der Strafprozeßordnung) in der dort veröffentlichten Fassung (s. Abschnitt III) allgemein schon vom 1. April 1924 gelten. Tatsächlich aber gelten die Änderungen des GVG., die auf Art. I Ver. v. 13./2. 24 beruhen (s. §§ 75, 96, 105, 122, 133; Abschnitt III Nr. 12, 20, 21, 22) gemäß Art. VII Satz 1 der Ver. erst vom 1. Juni 1924 ab.

l) §§ 495 a—499 g ZPO. (Abschnitt II Nr. 56, 57, 58, 59, 60).

m) Vgl. Abschnitt II Nr. 28, 30.

n) §§ 519, 519 a ZPO. (Abschnitt II Nr. 71, 72).

o) § 529 Abs. 2, 3 ZPO. (Abschnitt II Nr. 78).

Gedruckt bei A. W. Hayn's Erben, Potsdam.

FSC
www.fsc.org
MIX
Papier | Fördert gute Waldnutzung
FSC® C083411

Kolibri 360 GmbH
Ferdinand-Jühlke-Straße 7
99095 Erfurt, Deutschland
produktsicherheit@kolibri360.de